EL LIBRO DEL ARCÁNGEL MIGUEL

SERAPIS BEY EDITORES, S.A.
PANAMÁ

235.3
S47 Simons R., Rodolfo, comp.
El Libro del Arcángel Miguel / Compilador
Rodolfo Simons R. - Panamá : Serapis Bey Editores, S.A. 2000
150p ; 21cm

ISBN 9962-801-48-6

1. MIGUEL ARCÁNGEL, SANTO 2. RELIGIÓN
3. CRISTIANISMO I Título.

Compilación y Traducción: Rodolfo Simons R.
Editor a Cargo de la Publicación: Jorge A. Carrizo
Diseño de la Portada: Taía Becerra y Cristian González
Corrección de Pruebas: Edilberto Gonzáles T. y Taía Becerra

Calle 78E #15, San Francisco de la Caleta
Apartado 0823-01657, Panamá-7, Rep. de Panamá
Teléfono: (507) 226-3035
Fax: (507) 226-1617
E-mail: jacbey@pa.inter.net
Sitio Web: www.serapisbey.com

1ª Edición - Octubre del 2000
10ª Reimpresión - Septiembre de 2005

ISBN: 9962-801-48-6

Queda hecho el depósito legal que contempla la Ley Nº 34 del 6 de julio de 1995, y la Ley 11 del 10 de febrero 1978

Hecho e impreso en Panamá
Made and printed in Panama

ACLARATORIA

Con el fin y único propósito de disipar cualquier duda que pudieran abrigar algunas personas con respecto a las razones que nos motivan a realizar estas traducciones y publicaciones, detallamos a continuación lo siguiente:

EL SÉPTIMO RAYO, Saint Germain, *p. 3*: "Esta publicación (refiriéndose al *Diario de El Puente)* fue diseñada para ofrecer este servicio de forma tan razonable como fuera posible, a fin de no castigar desmedidamente los recursos de la gente... ESTA PUBLICACIÓN y cualquier otra que proceda de la misma fuente SON PROPIEDAD DE LA GRAN HERMANDAD BLANCA, y son ofrecidas a todo el mundo por doquier a un precio al alcance de su bolsillo. "

EL SÉPTIMO RAYO (Edición Alemana): " Ya que la Enseñanza Maestra Ascendida tiene por objeto ser la enseñanza de la Nueva Edad Dorada, la misma NO puede ser presentada SÓLO a gente de habla inglesa y ser retenida del resto de la raza humana".

THE BRIDGE JOURNAL (*Diario de El Puente*), *Septiembre de 1995, p. 14,* El Morya: "Ustedes tienen que entrar al mundo de los negocios...para, mediante el ejemplo, traer los esfuerzos comerciales del hombre a Nuestro nivel...y hacer que sea algo común encontrar las enseñanzas de *El Puente* en las librerías por doquier, así como en bibliotecas públicas y privadas".

THE BRIDGE JOURNAL (*Diario de El Puente*), *Noviembre de 1958, p. 11*: " La necesidad de la hora es diseminar las palabras de los Maestros Ascendidos. Una manera de hacer esto es mandar nuestros libros como regalos a las bibliotecas públicas, prisiones y bases militares".

LUZ DE LOS MAESTROS ASCENDIDOS, Prefacio: "Este Libro se le da a los Estudiantes del "YO SOY" y a toda la humanidad por orden de los Grandes Seres Cósmicos que dictaron los Discursos contenidos en el mismo..." *página 88*: "Oh, les digo, Mis amados, que no hay nada tan importante como hacer que estos Libros lleguen a tanta humanidad como sea posible.... De manera que les digo, amados Míos, si desean servir, si desean ayudar a conseguir esta Liberación, hagan lo que puedan por ayudar a difundir estos libros y revistas..."

ÍNDICE

TRIBUTO

¡Magna Majestuosa Presencia "YO SOY"!
¡Bendito Maestro Saint Germain!
¡Bondadoso Arcángel Miguel!
Les damos alabanzas y gracias a Ustedes y a la Todopoderosa Hueste Maestra Ascendida, Angélica y Elemental que está dando de Su Vida, Sanación, Serenidad, Sabiduría y Poder en grandes e interminables Torrentes a los estudiantes sinceros que acuden a la Luz. Te damos Gracias.

A Ti, Amado Arcángel Miguel, Amigo y Hermano que nos has protegido y guiado dándonos de Tu Propia Vida, a Tu Gran Lugarteniente, el Comandante Conrad, y a cada uno de Tus Maravillosos Ángeles dedicamos este libro.

PRESENTACIÓN

por JORGE A. CARRIZO
Panamá, 29 de Septiembre del 2000

Son muchos los que profesan su reverencia por los ángeles, y otros tantos los que, de entre todos los Arcángeles, manifiestan su preferencia por el Arcángel Miguel. Es más, bien podría decirse que, de los tres Arcángeles reconocidos por el mundo ortodoxo, el Señor Miguel es el que mayor "popularidad" tiene. No obstante, de ser interrogados acerca de lo que el Arcángel Miguel representa, dice, exhorta a (o entraña para con) la humanidad, son pocos los que estarían en capacidad de dar una respuesta allende los *slogans* "Arcángel de la Protección, de la Fuerza y del Entusiasmo","Arcángel de los desencarnados" y/o "Príncipe de las Huestes Celestiales".

El objetivo primordial de este libro consiste en precisamente ubicar en una sola publicación, todo lo relativo a (o descargado por) el Arcángel Miguel a través de *El Puente a la Libertad*, para que los estudiantes de la Luz cuenten con un manual conciso de la Enseñanza impartida por (o sobre) el Primer Ángel del Cielo. Este libro se realizó por iniciativa de Rodolfo Simons (del Grupo Señor Ling de Panamá) quien alegre y concienzudamente se dio a la tarea de escudriñar los miles de páginas publicadas por *El Puente*, para extraer y traducir todo lo relacionado con el Señor Miguel. En la realización de esta obra, se compiló material contenido en los libros *Diario de El Puente a la Libertad* 1952-1961 (Journal of the Bridge to Freedom), así como también *Dictations of the Ascended Masters* (Dictados de los Maestros Ascendidos) y *El Boletín Privado de Thomas Printz* (Private Bulletin of Thomas Printz). Es menester indicar que no habríamos tenido acceso a estos libros, de no haber sido por los meritorios y sostenidos esfuerzos que hicieran los esposos Werner y Annette Schroeder y la A.M.T.F. (Ascended Master Teaching Foundation) de Mount Shasta, California, por preservar este material.

Que el amado Arcángel Miguel cubra con Su Manto de Protección a todos aquellos que asuman hacer permanente en sus vidas, la letra y el espíritu contenido en esta Enseñanza.

EL LIBRO DEL ARCÁNGEL MIGUEL

ARCÁNGEL MIGUEL
Príncipe de las Legiones Angélicas

1

EL ARCÁNGEL MIGUEL SU AMOR Y SERVICIO

por el amado Maestro El Morya
(Diario de El Puente, *Septiembre de 1960*)

De los Siete amados Arcángeles —que son los Mensajeros de Dios— quizás el más conocido y amado es el Señor y Príncipe de los Arcángeles, el Señor Miguel. Incontables oraciones a Él, con sus respuestas acompañantes e inmediatas, Le han acercado a los pueblos de la Tierra. De cabello dorado, con ojos azules magnificentes y una apariencia de esplendor, confianza y Fe en Dios, el Señor Miguel ha respondido frecuentemente al requerimiento de los pueblos sobre la Tierra que están atrapados bajo aflicciones de mente, cuerpo y alma.

De Su propio libre albedrío, el Señor Miguel escogió convertirse en el Guardián de la Fe del hombre en Dios, en el propio principio de la encarnación de la humanidad sobre la Tierra. Su Presencia, o la de alguno de los Colaboradores Celestiales que conforman Sus Legiones, acude a la Tierra para dar asistencia a cualquiera que esté afligido.

Hace muchos años, el Gran Arcángel Miguel estableció Su Poderoso Templo de la Fe en las Montañas Rocallosas en Canadá, cerca de lo que se conoce como Banff. Esta era una construcción física de proporciones gigantescas y exquisitamente hermosa. A este sitio acuden muchos de los que están conscientes de este Foco para la renovación de su Fe en Dios, y encuentran ánimo renovado para servir a su prójimo sobre la Tierra.

Una vez, hace mucho tiempo, tal cual aparace en la Biblia, la Tierra era pura y su gente, inocente. Los hombres moraban en un Jardín del Edén y disfrutaban de la Belleza, de la Opulencia y de la Perfección que Dios había creado para ellos. *"Y vio Dios todo lo que había hecho, y he aquí que era bueno en gran manera»"*.[Génesis 1:31]

Luego la humanidad, dotada con el don de libre albedrío, escogió experimentar con el uso de su Vida (desobedeciendo la Ley de Dios) y apareció el mal desde sus mentes, sentimientos, palabras habladas y acciones. Esto lo que muchos denominan "la caída del hombre".

El Señor Miguel apareció en el momento en que las primeras corrientes de vida encarnaron sobre la Tierra, e hizo un voto al Todopoderoso de que permanecería hasta que toda corriente de vida, todo Ángel aprisionado, Elemental y toda Vida fueran de nuevo felices y libres. Cuando tuvo lugar la "caída del hombre", el Señor Miguel—viendo el dolor y agonía del alma que resultaría de tal desobediencia a la Ley de Armonía de Dios—comenzó a prepararse para Su largo y Amoroso Servicio para con los hijos desobedientes de Dios. Modeló de Su propio pensamiento una Magnífica ***Espada de Llama Azul***. Atrajo alrededor de Sí, Legiones de la Hueste Angélica para que Le asistieran y ofreció a Dios Sus Servicios hasta que la última Corriente de Vida hubiera sido redimida, sus pecados expiados y hubiera regresado a su Estado Divino. Dios, en su infinita Misericordia, aceptó los amables Servicios del Señor Miguel y Sus Colaboradores, y desde entonces el amado Señor Miguel y Sus Ángeles han estado sirviendo a la humanidad, a los Ángeles aprisionados, al Reino Elemental y a toda cosa viviente, con un solo pensamiento en mente—***LA PRESERVACIÓN DE LA LUZ ESPIRITUAL EN EL ALMA Y LA RESTAURACIÓN DEL DESEO POR LA OBEDIENCIA A LA LEY DE ARMONÍA DE DIOS SOBRE LA TIERRA Y EN SU ATMÓSFERA.***

Al lado de la cama de una persona enferma, en los hogares de quienes sufren, en las grandes instituciones donde se tratan las enfermedades de mente y cuerpo, siempre están presentes las Legiones del Señor Miguel, ayudando a cortar la causa y el núcleo invisible de la aflicción para que el alma pueda encontrar la Liberación y la Felicidad en el Servicio a Dios.

En muchos servicios religiosos en los que se da reconocimiento real al Señor Miguel, Su Presencia Radiante vierte hacia abajo una lluvia de Fe, Amor y Protección sobre la congregación. El sólo hecho de pronunciar Su Nombre atrae Su atención y Su ayuda hacia el interior de sus mundos.

Cuando las peresonas hace la transición desde esta vida terrenal, a menudo están tan profundamente inmersas en la discordia como cuando vivían en un cuerpo terrenal. El Señor Miguel, con Sus Propias manos y Espada de Llama Azul destellante, corta las bandas que atan estos "difuntos" a sus seres amados que quedan en la Tierra, y se le permite al alma elevarse hasta el Trono del Padre.

En muchos hogares donde la aflicción, la discordia y la impureza han emanado desde los habitantes (algunas veces durante centurias) la invocación al Señor Miguel y Sus Colaboradores liberará a esos hogares de toda impureza del pasado, y le permitirá a los habitantes actuales de ese hogar disfrutar de la belleza del presente en vez de la atmósfera pesada y deprimente del pasado.

Los pensamientos, sentimientos y acciones secretas de la humanidad, además de sus expresiones externas rebeldes de discordia, han creado un manto de energía calificada discordantemente alrededor de la Tierra. A esto se le llama "el ámbito psíquico o astral". En su interior moran muchos espíritus invisibles y elementales que hacen víctimas a las mentes crédulas de aquellas personas de la Tierra que buscan saber la verdad acerca de sus seres amados que han atravesado el velo de la llamada muerte, o que buscan penetrar los "misterios" ocultos de la vida allende el velo.

Su Presencia Brillante vendrá (y de hecho viene) a todo aquel que esté temporalmente atrapado de esta manera, en el ámbito síquico, y la liberación es *inmediata y permanente.*

También aquéllos que están atrapados en los hábitos de adicción a la droga, alcoholismo y demás depravaciones de la carne, tendrían en el Señor Miguel un Redentor Instantáneo si tan sólo lo invitaran a ayudarlos. Algunas veces, el individuo de tal manera atrapado en las condiciones psíquicas no quiere ayuda. Quienes saben del Señor Miguel tienen el privilegio de llamarlo en el nombre de estas personas, y Él les responderá. No es menester que este Llamado (v.g. oración) se haga en voz alta, ni siquiera en presencia de los individuos que requieren asistencia, porque la propia mención de la Salvación establece una resistencia en la conciencia de aquel que tanto necesita ayuda.

La ***SABIDURÍA*** y el ***DISCERNIMIENTO*** de parte de quienes ven la necesidad y el deseo de la ayuda del Señor Miguel para ellos mismos y los demás, los ayudará a hacer tal llamada silenciosa o audiblemente cuando estén solos. De ese modo se evita la resistencia de la mente externa, que es sustancia cargada pesadamente con rebelión.

Las palabras no pueden expresar los múltiples

servicios del Gran Príncipe, el Señor Miguel y Sus Colaboradores Divinos, pero la invocación de Su Presencia Celestial y ayuda para todos los que Lo invocan a sus propios mundos o al de sus seres queridos (ya sea que estén encarnados o que hayan hecho la transición a través del velo de la llamada muerte), probará Su Realidad y Poder para dar tal asistencia. Recuerden que aunque un individuo haya pasado por el cambio llamado "muerte", él o ella siguen necesitando de la oración. Háganse Amigos Personales del Señor Miguel. ¡La oportunidad se les presentará cada día cuando vean la aflicción y las limitaciones alrededor de ustedes! De esta manera, se convertirán verdaderamente en uno de los Colaboradores de este Ser Desinteresado al invitar Su asistencia para liberar a toda vida de la discordia, la enfermedad, la limitación y la aflicción por doquier.

2

CARTA DEL MAHÁCHOHÁN

(*Diario de El Puente*, Septiembre de 1960)

Amados seres que buscan la liberación de la aflicción para ustedes y para toda vida por doquier, tenemos la alegría unirnos al Gran Arcángel Miguel en Su Foco de la Fe Iluminada en Banff. ¿Cuántas veces a través de las eras Él personalmente los ha liberado de sus propias faltas leves, además de la efluvia astral de la Tierra y Sus evoluciones no-ascendidas? La Paciencia y Amor están encarnadas en la Presencia de este amado Príncipe de los Arcángeles y en su Corte Real de Ángeles, quienes defienden, protegen, iluminan y liberan a toda vida aprisionada cuando un chela (no-ascendido) se lo pide.

Como el Día Aniversario en Su Honor es el 29 de Septiembre de cada año, personalmente les pido a todos y cada uno de ustedes que haya recibido los servicios amables del Señor Miguel y de Sus Ángeles Libres Divinos, que le dé a Él alguna bendición especial desde sus propios mundos queridos.

Los Padrinos de las Legiones Maestras Ascendidas del Señor Miguel son Grandes Ángeles, investidos con las vestiduras azul- zafiro, con espada, escudo, yelmo y visera, Quienes vienen con ustedes o salen a través de ustedes a todos aquellos que están afligidos. ¡Acepten Sus Presencias Vivientes, porque Ellos son Seres de Luz a su comando!

3

FIESTA DE SAN MIGUEL ARCÁNGEL

29 de Septiembre

por el amado Maestro El Morya
(*Diario de El Puente*, Septiembre de 1958)

El amado Señor Miguel, Príncipe de los Arcángeles, ha servido voluntariamente a toda vida aprisionada en la Tierra, sobre Su superficie y en Su atmósfera, desde que el velo del *maya* fue tejido desde dentro de la conciencia externa de la humanidad.

Cuando los "rezagados" de otras estrellas y planetas fueron destinados por primera vez a utilizar la Tierra como un Hogar Planetario, el Señor Miguel, sabiamente, comenzó Su preparación para defender la Fe en la Sagrada Voluntad de Dios a través de todas las almas que pertenecían a las evoluciones de la Tierra. Viendo las semillas de rebelión, discordia y descontento en la conciencia de aquellos retrasados — lo cual hizo imposible para ellos que pudieran evolucionar con sus propias estrellas y planetas— el Señor Miguel supo que el producto de tales semillas de imperfección encontraría base temporal en la conciencia de otras corrientes de vida que, hasta ese momento, sólo habían conocido la Bondad de Dios, y quienes amorosa, amable y reverentemente habían obedecido Su Sagrada Voluntad, sosteniendo de ese modo la atmósfera de la Tierra en un estado de Pureza y Gracia.

El Señor Miguel creó entonces Su Gloriosa Espada de Llama Azul, y siempre la ha utilizado eficazmente para cortar las creaciones humanas discordantes que, a través del contagio, la humanidad de la Tierra aceptó dentro de su propia conciencia y que posteriormente exteriorizó dentro de la atmósfera a su alrededor.

El Señor Miguel, junto con Sus Legiones Ilimitadas de Ángeles, ha estado constantemente atento a cada oportunidad para liberar a los individuos de cualquier tipo de limitación y aflicción. Él ha llevado en Sus Propios Brazos a muchas almas fatigadas que han hecho la transición a través del cambio llamado muerte, hacia el Reino de los Durmientes; y Ha colocado a tales seres gentilmente sobre un lecho bajo la supervisión de un miembro de Sus Legiones, quien protegió a esa alma hasta que llegó el momento de despertar y de entrar a los Salones del Karma para el juicio en cuanto al uso que le dio a la Vida en la encarnación anterior.

El Propio Señor Miguel acompañó entonces a esa alma a los Salones del Karma, dándole de Su Coraje, Fuerza, Amor y Luz para que el alma fuera lo suficientemente fuerte como para presentar el *record* de su propio "Libro de la Vida" durante una encarnación en la que, con frecuencia, las oportunidades fueron grandes, pero el uso de tales oportunidades para la bendición de la raza fue embarazosamente poco.

PROPÓSITO DEL SERVICIO

Todo el año, los servicios del Señor Miguel y Sus Legiones de Ángeles continúan con el único propósito de ***LIBERAR LA VIDA APRISIONADA***. Multipliquen esto por las centurias de tiempo que han transcurrido desde la primera vez que se creo el velo de *maya* entre el Reino Maestro Ascendido y la octava humana, y entenderán por qué al menos un día en cada año se da una Conmemoración por Sus Servicios y gratitud por Su Presencia en el Universo. De seguro, los chelas conscientes de Su Servicio, le honran cada día.

Sin embargo, el mundo entero escoge darle reconocimiento el 29 de Septiembre de cada año. Las Guardianas Silenciosas, los Ángeles del Ceremonial, los Serafines y Querubines, reúnen toda la fuerza de la oración y devoción que se le da este día, y (así como la Cosecha de los Ángeles es traída ante el mismo Señor Miguel al final de este mes) Él acopia mucha energía consagrada a Su comando qu, a su vez, utiliza para continuar Su Servicio de Protección de las almas de los hombres, disolviendo las entidades creadas humanamente (todos los vicios en los cuales han caído víctimas los hombres), y para la inyección —a través de Su Propia Presencia Hermosa— de la Fe en la Bondad y Victoria final de Dios a través de cada corriente de Vida que haya utilizado en el pasado, que utilice ahora en el presente, o que utilizará en el futuro, la Tierra como salón de clases.

En vista de lo mucho que la Nueva Era del Maestro Ascendido Saint Germain requiere de la cooperación consciente y amorosa entre los Reinos Angélico, Humano y Elemental, el Señor Miguel y Sus Colaboradores (tanto humanos como Divinos) están sirviendo AHORA con mayor entusiasmo y devoción a esta Causa.

A todos aquellos interesados en la Liberación de toda vida aprisionada, les recomendamos sinceramente solicitar asistencia al amado Arcángel Miguel, y al hacerlo, convertirse en copartícipes con Él sobre la Tierra.

4

SAN MIGUEL ARCÁNGEL

(Tomado de *"El Propósito de la Actividad 'YO SOY'"*)

Miles de siglos atrás, el Arcángel Miguel gobernó en lo que ahora es América; y debido a una conexión anterior, Él está definitivamente interesado en la Protección de esta Nación contra toda destrucción ahora... ¡tal cual lo hiciera entonces! Debido a eso, quienes actualmente viven en América deberían darle su reconocimiento consciente e invocarlo diariamente para que derrame todo Poder que Él comanda dentro de nuestra gente, para que les dé Su Fuerza y Poderío para levantarse contra toda fuerza destructiva que destrozaría a América o destruiría los Derechos Divinos de Dios para el hombre —los cuales están sostenidos y custodiados aquí.

Oh, amados Míos, si ustedes conocieran el Poder que tienen o lo que pueden tener conscientemente y con sólo desearlo al enviar su intenso amor hacia ese Gran Bendito Ser, el Arcángel Miguel, no dejarían pasar ni un solo día sin ofrecerle todo el Amor Intenso de sus Corazones. De esta manera, la Plenitud de Su Poder les regresaría sobre el amor que ustedes Le enviaron, y sobre dicha corriente de retorno se derramaría a través de ustedes Su Magno Poder, Su Libertad, Su Victoria, Su Dominio, Su gran Actividad Disolvente de Amor Divino en toda cosa de la cual Él es Maestro y Director.

LLAMADO AL ARCÁNGEL

El Llamado al Gran Arcángel Miguel pidiendo Su Descarga de Perfección dentro de sus sentimientos y mundos, y pidiendo las Corrientes de Energía desde el Gran Sol Central para que se expandan calificadas con Su Perfección, Su Inteligencia, Su Dominio sobre toda discordia ¡ES REALMENTE UNA DESCARGA DE MAGNO PODER! ¡ES UNA PODEROSíSIMA ASISTENCIA! ¡ES UN VERDADERO PODER! ¡Y a cualquier ser humano que tenga la determinación de tratar sinceramente le será respondido con el Cumplimiento del Llamado!

5

VIAJANDO EN CONCIENCIA

por el amado Maestro El Morya
(Diario de El Puente, Febrero de 1958)

Ahora que la Jerarquía Espiritual está nuevamente permitiendo que la humanidad de este Planeta conozca la realidad del Señor Miguel y Las Legiones de Su Templo de la Fe y Confianza en Dios, más y más personas de la Tierra están disponiendo por cuenta propia de la oportunidad de visitar este Templo etérico—solicitando allí la asistencia consciente del Señor Miguel para que los ayude a eliminar las aflicciones de alma, mente, cuerpo y asuntos que temporalmente han demorado su Expresión Divina sobre todas las cosas humanas. Las visitas a este Templo se hacen, naturalmente, mientras la conciencia externa duerme, y el Ser Interno queda en libertad del cuerpo para visitar los Ámbitos de Luz y recibir la asistencia.

Enfatizamos aquí a nuestros gentiles lectores que el Señor Miguel y Sus Legiones son "Ángeles Guerreros" únicamente en lo concerniente a Su vigilancia constante sobre los *Seres Espirituales.* Ellos utilizan Sus energías únicamente para eliminar las limitaciones y aflicciones que atan la humanidad a las experiencias infelices. Sus Legiones nunca "batallan" con las personalidades humanas, sino sólo con las energías mal calificadas que buscan limitar y demorar el cumplimiento del Plan Divino para la Tierra y todas sus evoluciones. Esta "batalla" a la cual se hace mención, es meramente la liberación de la humanidad, Ángeles aprisionados y de toda cosa viviente aquí, de las presiones de discordia que se hayan agarrado a ellos y las cuales viven de su propia Vida. Algunas de estas presiones de la masa (llamadas "entidades de la masa") son de un tamaño monumental y cuentan con una gran energía acumulada, y justamente un individuo solo, atrapado en las presiones de tal entidad (al conectarse con ésta a través de vibraciones similares de pensamiento y sentimiento) no tiene la suficiente vitalidad y sabiduría espiritual, fuerza y coraje para liberarse del vicio acumulado de tal "entidad de la masa". Cualquier alma que sienta la necesidad de la ayuda del Señor Miguel para liberarse de las experiencias infelices (o cualquiera que vea a otro atrapado en tales condiciones desafortunadas) sabio es, de veras, si llama al Señor Miguel y a Sus Legiones para Su ayuda instantánea—para liberarse a sí mismos o a otra persona que necesite ayuda. ¡Recuerden que al hacer ustedes el Llamado, el Señor Miguel y estas Legiones VENDRÁN!

Comprenderán que aún aquellas almas que han pasado por el cambio llamado "muerte" todavía llevan con ellas ciertas tendencias y hábitos de pensamiento y sentimiento de una naturaleza discordante, por lo cual es conveniente que el chela sabio invoque al Señor Miguel para que ayude a quienes han pasado a través de ese "velo", a alcanzar una existencia superior y más libre —aún del "otro lado". Él siempre está contento y dispuesto a prestar este servicio a todo aquel que lo reclame.

SERVICIO DE LA AMADA LETO

Antes de acostarse a dormir en la noche, vuelvan su atención hacia el Templo de la Fe y Protección del Señor Miguel, y pidan a su propia "Amada Presencia YO SOY" que los lleve allá en conciencia. Mientras estén allá, sientan Sus brazos Protectores Amorosos alrededor de ustedes y acepten de nuevo Su consejo bondadoso. Pídanle que los libere de las **causas** y **núcleos** de las aflicciones que los atan a ustedes y a otros a las **limitaciones de todo tipo** aquí en el mundo de la apariencia física. De ese modo, *prácticamente* disfrutarán de la Presencia del amado Miguel aquí sobre la Tierra y le permitirán probar que es su Amigo de la Luz aquí mismo, hoy, como lo ha sido durante incontables eras —aún desde que la primera vez que la Tierra se convirtió en morada para las chispas espirituales que emanaron del corazón de Helios y Vesta. Estén seguros de pedirle a la amada Señora Leto que vele porque ustedes recuerden en la conciencia externa cerebral (cuando regresen al cuerpo al despertar), dónde estuvieron y qué aprendieron allí a través de las experiencias que su Ser Interno disfrutó realmente.

Allá me encontraré con ustedes en este Templo de la Fe.

Amada Maestra Ascendida Leto

6

COMPROMISO VOLUNTARIO

por el amado Maestro El Morya
(tomado del Diario de El Puente, Julio de 1959)

El Templo del amado Arcángel Miguel es de un diseño circular, con cuatro entradas magníficas en los puntos cardinales del compás —norte, sur, este y oeste. Alrededor del Templo hay magníficos jardines, en donde a la mayoría de los visitantes que desean amplificar su propia Fe personal en la Bondad de Dios, se les permite sentarse sobre los grandes bancos de mármol o sobre el precioso césped de grama absorbiendo precisamente la Fe Iluminada del Señor Miguel, Protector y Defensor de la Fe Verdadera en Dios y Su Rectitud.

El mismísimo amado Arcángel Miguel a menudo visita a sus peregrinos en estos jardines, y durante este período de treinta días invita a entrar al Templo a todos los miembros de los Reinos Humanos, Elemental y Angélico que deseen la aceleración de sus propios sentimientos de Fe Iluminada, para que, a su vez, puedan ellos ser conductores de esa Fe a otros que, por una razón u otra, hayan permitido temporalmente que su Fe arda con llama baja y requiera la resucitación del sentimiento integral de la Fe Iluminada a fin de continuar su servicio de liberación de la Vida aprisionada en todas partes en la Tierra, sobre la Tierra y en su Atmósfera.

El Señor Miguel es el Príncipe de la Hueste

Celestial, el Director de Sus Hermanos, los Otros Seis Arcángeles,[§] además del grupo entero de Ángeles que sirven bajo Su dirección en los Siete Rayos.

No es suficiente "apoyarse" en la Fuerza del Señor Miguel y Sus Legiones Ascendidas de la Luz para la liberación de la aflicción y discordia en esta Hora Cósmica. Cada chela del Señor Miguel aprenderá AHORA a convertirse en un foco de la Fe Iluminada, donde quiera que habite en la Tierra, sobre Su superficie o en Su atmósfera.

TREINTA DÍAS DE DISPOSICIÓN

Durante este período de treinta días, a todos los solicitantes de tal instrucción como únicamente Él puede darla, se les invita al Templo de la Fe Iluminada a recibir no sólo la Bendición y Gracia de Su Presencia, sino también a aprender cómo convertirse en tal foco de la Fe Iluminada en su propia esfera de influencia. El Gran Arcángel en persona, cumpliendo con este Fíat Cósmico, está dispuesto a asistir a todos los chelas serios, dignos, sinceros y capaces de lograr esta Fe Iluminada AHORA MISMO.

Dispongan ustedes mismos, amados Míos, de Su hospitalidad y conviértanse en un Brazo de la Liberación del mal, visible e invisible, entrando en Su Foco y absorbiendo Su sentimiento de Fe Iluminada en el Poder Total y Absoluto de Dios, para superar no sólo el mal sino para extraerlo permanentemente de la Tierra y Sus evoluciones acompañantes, de manera que la Pureza y Perfección prístina de la Tierra pueda resucitarse... ¡aquí y ahora!

[§] Los Arcángeles y sus Complementos son:

1° RAYO	**Miguel y Fe**	...............Defensor de la Fe; Poder, Protección.
2° RAYO	**Jofiel y Constanza**	....Iluminación.
3° RAYO	**Chamuel y Caridad**	..Poder del Amor Divino.
4° RAYO	**Gabriel y Esperanza**	. Pureza de mente y cuerpo, Esperanza.
5° RAYO	**Rafael y la Madre María**	...Consagración al Servicio.
6° RAYO	**Uriel y Doña Gracia**	..Paz y Suministro a los requerimientos del momento.
7° RAYO	**Zadkiel y Amatista**	...Invocación de la Divina Compasión y Misericordia.

Ilimitadas son las oportunidades que se le proporcionan a cada uno de tales chelas de invocar al Gran Redentor, el Señor Miguel, para que libere las almas atadas a la Tierra (quienes han dejado el cuerpo físico mediante la llamada muerte) pero quienes todavía, debido a los apetitos insatisfechos de la carne, viven de las energías de quienes aún utilizan cuerpos físicos.

Muchos de los apetitos destructivos de los seres humanos son estimulados por tales individuos desencarnados, quienes buscan y logran cierta satisfacción al utilizar individuos vulnerables que no han alcanzado el ímpetu de la Fe Iluminada por su cuenta, a fin de poder liberarse de estas aflicciones.

Igualmente, aunque la conciencia externa de los chelas del Señor Miguel dezconocan a algún ser humano en particular, se les puede dar a éste una inestimable asistencia liberándolo de estas aflicciones, no sólo en el corto período de Vida Terrenal, sino en la vida después de la llamada muerte.

Para asistir a los amados individuos que están comprometidos con el bienestar social, y a aquéllos que están tratando de restaurar la dignidad de su Estado Divino Natural, invoquen al amado Señor Miguel y a Sus Ángeles Ascendidos de Luz para que los ayuden. ¡Ellos lo harán!

La Fe Iluminada da al chela el verdadero discernimiento de la causa y núcleo de la aflicción temporal — además del Amor Divino para prestar el servicio. La fe ciega es meramente el disfrute de una doctrina aceptada personalmente,con la cual tiene afinidad el individuo.

Recuerden siempre que tanto el Servicio del Señor Miguel como el de todos los Seres Divinos es voluntario, y que los dignos chelas no-ascendidos harían bien en seguir Su Ejemplo en esta hora de Iniciación Cósmica. ***Al seguir el Patrón del Señor Miguel y de Sus Colaboradores Divinos, estén seguros de que sienten únicamente HUMILDAD sirviendo con Ellos. ¡Esta es la expresión invisible pero evidente del mérito verdadero del chela!***

7

ACTIVIDAD CONSCIENTE DE LOS PADRINOS DEL TEMPLO

por el Arcángel Miguel
(tomado del *Diario de El Puente*, Septiembre de 1960)

Salve a ustedes amados y benditos Espíritus de Vida Eterna transitando el sendero de la Tierra, temporalmente encerrados en vestiduras carnales, les traigo los saludos y bendiciones de toda Nuestra Hermandad de la Fe Iluminada en Banff, y el recordatorio de que ustedes —particularmente durante este período de treinta días— tienen acceso a Nuestro Foco, donde pueden bañar sus benditas almas dentro de esa cualidad energizadora que es la Fe Iluminada. Esta Cualidad llega a manifestarse como obras expresas aquí en el mundo de apariencias físicas, cuando ustedes regresan con el vigor que se obtiene mediante la orientación de su conciencia hacia Nuestro Templo, o a través de la invocación a Mí, a cualquiera de los Grandes Seres que sirven en el Primer Rayo o a los ***Caballeros Padrinos***, todos Seres poderosos que miden más de dos metros de alto, **completos** con Capa, Yelmo, Escudo y Espada de Luz, suyos para que Los comanden y exijan de Ellos ayuda para su prójimo, para sí o para cualquier parte de la vida que vean en aflicción. Estos Seres los liberarán. ¡Acéptenlo ahora!

DELEGACIÓN DE LOS PADRINOS

Cuando hay un Retiro específico abierto, y a ustedes se les delega un Padrino Maestro Ascendido durante treinta días, ese Bendito Ser espera sus Llamados y se le saca, por así decirlo, del servicio activo con los otros Miembros de Su Retiro... ¡quedando a la espera de que tal Llamado llegue! El Jerarca del Foco Maestro Ascendido escoje con gran meticulosidad a cada uno de tales Padrinos, debido a un requerimiento en sus propias corrientes de vida en el período de los treinta días por venir, debido a una afinidad con ustedes y debido al deseo voluntario de esos Grandes Padrinos (deseo que expresan al Jerarca) de que Ellos, por Su propio libre albedrío, desean servirles. Se lleva a cabo un servicio en el cual quienes que se ofrecen como voluntarios se convierten en los Padrinos Maestros Ascendidos del mes. Amados Míos, no todos los que pertenecen a algún Retiro Maestro Ascendido, sea cual fuere, desean, requieren o califican para actuar como sus Padrinos. Cuando un Maestro Ascendido, divinamente hermoso y Libre-en-Dios, escoge voluntariamente arrodillarse delante de Su Propio Jerarca y asumir sobre Sí la responsabilidad de asistir a una Corriente de Vida durante treinta días, es inexcusable que algunas veces dichos Padrinos se pasen veintiocho días esperando un Llamado del ser externo. Existe un balance que sus Corrientes de Vida, a su vez, le deben a su Padrino. Por cada regalo que Nosotros les damos, se requiere de ustedes darnos un balance en la liberación de su Luz de alguna manera constructiva y armoniosa.

Debido a que esto se ha llevado a cabo año tras año, muchos chelas toman el cambio de los Retiros muy a la ligera, queriendo decir con ello, sin un profundo sentimiento emocional en la aceptación del Jerarca, de la capacidad a través de la conciencia proyectada de entrar al Templo de la Hueste Ascendida, de ver Sus Llamas Resplandecientes y de ser regresados a sus hogares por sus Padrinos, habiendo sostenido cualquier Cualidad Divina específica que se ofrezca en ese Retiro durante ese período de treinta días.

ESPADA DE LLAMA AZUL

Es cierto que se Me llama “El Defensor de la Fe”; Defensor de la Fe de Dios en todos y cada uno de ustedes, CARGADA a través de sus almas, CARGADA a través de sus vehículos físicos hasta tal momento en que ustedes, por cuenta propia, se levanten y se conviertan en Defensores de la Fe que vacila en otros. Es así como balancean la energía que Yo invierto en ustedes. Venimos de nuevo, una y otra vez, con Paciencia. Hemos tratado de traerles comprensión de Nuestro Servicio a la Vida. ¿Qué utilicé para Crear Mi Propia Espada Magnífica de Llama Azul? Pues, la mismísima sustancia de Vida que era Mía para utilizar a través del pensamiento, luego cargada con ese sentimiento maravilloso de Amor que la sostiene, y con el Poder para actuar no sólo en el mundo físico sino también en el ámbito astral. Esa Espada libera una y otra vez a las Corrientes de Vida de las creaciones desagradables del pasado y del presente; esa Espada sostenida en Mi Propia Mano y esgrimida con Amor por razón del Dulce Dios, por razón de la humanidad, por razón de los Ángeles aprisionados y por razón de la Tierra. **¡Coloco en sus manos este día, una copia más pequeña de esa Espada de Llama, que ustedes con amor pueden utilizar para auto-liberarse y liberar a los demás de las apariencias temporales que son inferiores a la Perfección Crística!**

¡Amados Míos, eso es Austancia! ¡Eso es un Regalo de Vida, Mi Vida dada a ustedes para un propósito: que, a su vez, estén alegres y sean felices liberando la Vida aprisionada de las cadenas y limitaciones de imperfección... ¡cambiándolas a esa Perfección que Dios desea que todos manifiesten!

El haber contemplado lo que Dios pretendió que

fuera y se manifestará, Me produce un entusiasmo renovado y poderoso en Mi empeño. Cuando particularmente Nuestro Foco está abierto, y ese Templo de la Fe Iluminada se convierte en el Poder hacia el cual Todos los Jerarcas y chelas vuelcan su atención —para utilizar en el grado más profundo posible ese Poder de la Fe—, liberamos de la impureza a quienes Nos visitan y les damos una acción vibratoria positiva (si bien bondadosa) a través de sus propios vehículos internos y físico que los capacite para sostener la Fe en la Bondad de Dios.... para sostener la Fe en la posibilidad de la manifestación de Dios a través de ustedes ... para sostener la Fe de que no importa cuán grande sea la apariencia humana, Dios Todopoderoso y Nosotros, Sus Mensajeros Divinos, somos verdaderamente un Poder Mayor... y que (a través de la puerta abierta de su conciencia) cuando pronuncien Nuestros Nombres o piensen en Nosotros, fluya a través de ustedes Nuestro Amor; el Amor que He sentido por ustedes cuando desecharon un cuerpo al cierre de una vida terrenal; el Amor y la Fuerza que He sentido por ustedes cuando comparecieron ante el Tribunal Kármico con los resultados de todas las experiencias que tuvieron en esa encarnación, sosteniéndolos con gracia y dignidad a medida que mostraron las gavillas del logro en esa vida, y con el Amor y la Fe investida en ustedes cuando toman una nueva encarnación sabiendo que durante esa encarnación traerán más de Dios a esta Tierra.

SERVICIO DE LOS ÁNGELES

El Servicio de los Ángeles es diferente al de cualquier otro grupo de Seres Divinos. Permanecemos constantemente en la creación de un Sentimiento de Felicidad Divina, de Fe Iluminada, de Sabiduría Divina, de Amor Divino, Pureza Divina, Consagración Divina, Curación, Precipitación, Misericordia Divina, Perdón y Paz Divina.

Mi actividad es la Protección Divina en, a través

y alrededor de ustedes AHORA, no sólo cuando están en sus Santuarios sino doquiera que se desplacen sobre esta Tierra. Llámenme a la acción, o llamen a su amado Padrino quien muy amable y bondadosamente les ofreció este período de treinta días, y permítannos comprobarles Nuestra realidad y capacidad de eliminar la aflicción de ustedes; y reemplazarla por esos sentimientos que todos tuvieron antes de que el mundo fuera, y que jamás pueden ser cambiados o mal calificados por los sentimientos humanos. Esta es una posibilidad. Se ha hecho durante æones por seres no-ascendidos, y el sostenimiento de la Fe Iluminada y la Protección Divina de todo lo que es bueno, santo y Perfecto sobre esta Tierra es parte de su tarea durante este período de treinta días.

En vista de que escribí sus nombres y los de cada uno de sus Padrinos sobre la puerta del Poderoso Templo de la Fe Iluminada en Banff, He dejado un gran pergamino de escritura tanto para ustedes como para su Padrino, en el cual se escribirá en cada período de veinticuatro horas lo que han hecho y lo que Él ha sido capacitado a hacer a través de ustedes y con ustedes. Cada veinticuatro horas, Yo Mismo lo leeré, y espero que a ningún Padrino de Mi Gran Templo de la Fe Iluminada se le deje sentado en las bancas de mármol en Banff mientras haya requerimientos, MÁS DE LO QUE SABEN, para esa actividad en este mundo de la forma.

DORMIR DEL ALMA

¡Resucítalos de este dormir del alma, oh, Dios Todopoderoso! El dormir del alma es pasado. El letargo es algo que hace tiempo debería haberse desterrado de la conciencia del chela, y el **alerta,** la **actividad** y el **trabajo consciente** ya deberían ser parte del proceso levitador de la vida diaria. ACÉPTENLO, ESPÉRENLO Y COMÁNDENLO ¡en, a través y alrededor de ustedes! Gracias, amados Míos.»

8

PROTECCIÓN, CONVICCIÓN Y RADIACIÓN

por el Arcángel Miguel

(tomado del *Diario de El Puente*, Septiembre de 1957)

Yo soy Miguel—el Protector y Defensor Divino de la Luz Espiritual dentro del corazón de la humanidad. Debido a la amabilidad del Sol del sistema, se Me ha dado la oportunidad de servir como el Príncipe de las Huestes Angélicas y, con respecto a los Arcángeles y las Huestes Angélicas que sirven Conmigo, éste es exactamente el mismo cargo que el Mahá-Chohán ocupa con respecto a los Chohanes de los Rayos.

Ahora bien, como Protector y Defensor de la Fe del hombre en Dios y como Sostenedor de ese mismo Espíritu de la Fe dentro de la Inmortal Llama Triple dentro del corazón de cada ser humano, He ganado una reputación de ser un Ángel más bien fiero y guerrero. Me gustaría repetir algunas de las palabras pronuncié hace poco cuando dije: **"Mi servicio consiste devolver al Cielo toda Corriente de Vida que, debido al uso auto-conciente de la Energía Pura de Dios, se haya sacado a sí misma de un estado de Gracia y Armonía Divina."** Algunas de las leyendas que han surgido a través de las centurias acerca de Mi Servicio a la Vida, tienen cierta base de Verdad.

Repito: Soy el Protector Divino de la Fe en Dios para la gente de la Tierra, y es al menos parte de Mi tarea preparar —para la entrada a aquellos ámbitos donde moran únicamente la Armonía y la Paz— la conciencia que, por su propio libre albedrío, no haya escogido generar y sostener la armonía que le permita la entrada a los Ámbitos Divinos. ¿Comprenden? Junto con los demás Miembros del Reino Angélico y de la Hueste Ascendida, *Mi empeño consiste en entrenar corrientes de vida que hayan perdido el control consciente de sus centros de pensamiento y sentimiento, y llevarlos al punto en que vuelvan a tener el Control Divino de dichos centros.* Igualmente, la Actividad de los Ángeles Protectores y Defensores consiste en mantener dentro del ámbito de la atmósfera de la Tierra, a cualquier radiación que no sea calificada con el Amor y la Paz Divina que llena el espacio interestelar.

"EL ANILLO-NO-PASE" UNA REALIDAD VIVIENTE

Ahora bien, este Anillo-No-Pase *[Ring-Pass-Not]* de la Llama Azul del que se les ha habladfo, ha sido establecido en la atmósfera de la Tierra a cierta distancia del planeta... ¡y es una algo real y viviente! Está compuesto de los cuerpos vivientes, respirantes de la Legiones de la Llama Azul—fila tras fila— y fue ideado después de que los "rezagados" vinieron desde los otros sistemas, como el medio y la forma mediante los cuales se impida a los diez millardos de almas que utilizan la tierra como salón de clases, contaminar el espacio interestelar con su caos y discordia. Estos Ángeles de la Llama Azul son naturalmente Aquéllos que pertenecen al Primer Rayo, y son grandes Seres que esgrimen un Poder de Luz extraordinario. En vista de que no existen vibraciones discordantes en todo el Universo, excepto aquéllas generadas por las evoluciones de la Tierra, estos Ángeles no necesitan proteger a la Tierra contra tal intrusión de discordia desde el espacio interestelar ¡porque allí no existe ninguna!

Sin embargo, las creaciones humanas discordantes alrededor de los individuos, los pensamientos- y sentimientos-formas □destructivos de las masas que moran en la atmósfera de la Tierra y la efluvia que fluye hacia afuera constantemente desde ellos, forman olas de masa de energía calificada destructivamente que barren de un lado a otro constantemente a través de la atmósfera de la Tierra—todas están aprisionadas (por así decir) dentro de este "Anillo-No-Pase" de Llama Azul.

Ahora bien, es el Servicio gozoso de los Ángeles de este "Anillo-No-Pase"dar la bienvenida y admitir a través de este Anillo hacia el interior de la atmósfera de la Tierra y de los diversos Focos (Retiros) de Radiación de los Maestros Ascendidos en la Tierra, sobre Su superficie y en Su atmósfera (especialmente para los Cónclaves Semestrales en el Royal Teton[9]) a los Señores Solares, Emisarios Cósmicos y Viajeros Interplanetarios, quienes pueden estar de paso en la vecindad de la Tierra y están alegremente dispuestos a expandir Su Propia Luz, prestando tal Servicio doquiera que sea requerido. Mediante el uso constructivo de sus energías en las visualizaciones, Decretos y cantos, ustedes han hecho posible (en particular, recientemente), la atracción a la Tierra de Dioses- y Diosas-Soles desde otros Sistemas, quienes han respondido a sus Llamados y Nos han congraciado con Sus Presencias en el Teton.

Comprenderán, entonces, que el "Anillo-No-Pase" no es precisamente una banda estática de Luz, sino que realmente está compuesto de Inteligencias Vivientes, Divinamente alertas y en guardia en cada momento de cada período de veinticuatro horas. **Por tanto, no existen astronaves, "platillos voladores" ni ocupantes de éstas que pudieran posible-**

---

[9] El Royal Teton es un Retiro Etérico ubicado sobre las Montañas Rocosas de Wyoming, Estados Unidos, cuyo Jerarca es el Señor Confucio.

mente entrar a la atmósfera de la Tierra con motivo o intención destructiva, ya que aún sin este "Anillo", no existe Vida en alguna forma de este Universo que pudiera desear hacerlo.

De manera que esta Actividad del "Anillo-No-Pase" de Llama Azul es una que está muy cerca de Mi Corazón. Deberá permanecer en el Servicio que ha estado dando a la Tierra por largo, pero muy largo tiempo, hasta que a las masas de la humanidad se les enseñe a utilizar su propia vida siempre y únicamente de manera constructiva, y que las causas y núcleos de esos hábitos que conforman los siete pecados capitales (y sus múltiplese ramificaciones) hayan sido descartados para siempre. Entonces, los efectos discordantes que han emanado de esas causas y núcleos, y que conformaron el velo de *maya* en primer lugar, ya no serán más. Por supuesto, en virtud de que no existe barrera para el Amor Divino en ningún lugar del Universo, cuando ustedes tienen actividades grupales y se unen en visualizaciones, decretos o cantos dedicados a cualquiera de los Seres Celestiales y Divinos, estos Ángeles del "Anillo-No-Pase" permiten que esas energías calificadas armoniosamente se eleven y salgan de la atmósfera de la Tierra, convirtiéndose en una bendición para todos los planetas del Sistema; y luego, hacia arriba, hacia los Señores Solares y Seres en los Sistemas Superiores.

En otras palabras, este "Anillo" Protector es elástico e inteligente. No es como una pared de ladrillo o cerca alambrada—está compuesto de Inteligencias que han sido entrenadas en Su servicio durante edades; y cuando las corrientes de vida alcanzan la Victoria de la Ascensión, pasan fácilmente por este "Anillo" hacia dentro de los Ámbitos de Luz de los Maestros Ascendidos donde morarán en adelante.

Por tanto, Mi Servicio es dual en aspecto — pastorear "a Casa" a las corrientes de vida de la Tierra, y proteger la Armonía del resto del universo de la intrusión de la efluvia discordante de la Tierra—radiación algunas veces muy sutil—no demasiado aparente en su comienzo—justamente como cuando los "rezagados" vinieron al principio para utilizar la Tierra como su salón de clase.

LA TRINIDAD ORIGINAL DE ASOCIACIÓN A SER RESTAURADA AQUÍ

Se les ha dicho que fui Yo quien trajo a los "Santos Inocentes" a la Tierra en el propio principio de Su estadía aquí. Los Maestros Ascendidos y Ángeles caminaban y hablaban diariamente con la humanidad de la Tierra en esas primeras edades; y en aquel entonces no había velo de *maya* ni creación humana discordante de ningún tipo entre Nosotros , la humanidad de la Tierra y el Reino Elemental (los Silfos del aire; las Ondinas del agua; los Gnomos de la tierra y las Salamandras del fuego). También se les ha dicho que en el principio, nuestro planeta Tierra era precisamente tan Puro, Hermoso y Perfecto como los Siete Poderosos Elohim de la Divinidad pudieron crearlo, y como los Directores de las Fuerzas de los Elementos y el Reino Elemental pudieron prepararlo para ser habitado. En aquella época teníamos la Trinidad de Actividad—la asociación de los Ángeles con la gente de la Tierra y con los Elementales —todos cooperando amorosamente en asociación cada hora, todos los días. Ahora bien, es menester que vuelva a reestablecerse este Patrón Divino aquí. Es la reinstalación del Balance Perfecto de la Santa Trinidad en acción—el Reino Divino, los Reinos humanos y Elemental— el Gobierno de todo lo que llegará a estar bajo la Dirección del amado Maestro Ascendido Saint Germain cuando ocupe el Cargo del Señor y Rey del Séptimo Rayo [§]—reinando aquí durante los próximos dos mil años. Esta "Edad Dorada" que

[§] El Maestro Saint Germain ascendió al Cargo de Señor y Rey del Séptimo Rayo el 1° de Mayo de 1954.

ahora se está introduciendo mediante el advenimiento del dominio del Séptimo Rayo... ¡será sostenida permanentemente y expandida para siempre!

Fácilmente puede verse que mientras existan sentimientos de antagonismo entre los Reinos Elemental y humano (construidos a través de centurias de ingratitud de parte de la humanidad por los servicios desinteresados y constantes de la Naturaleza); mientras exista una rebelión dentro de los sentimientos de los miembros del Reino de la Naturaleza contra la destrucción innecesaria y perversa por la humanidad, de los alimentos y diversos regalos de la Naturaleza (a los que ese Reino de la Naturaleza ha dado tanto de Su Propia Vida para producirlos), el Reino Elemental y la humanidad no podrán estar unidos alegre y plenamente en servicio cooperativo. Es sólo el poder del Amor Divino de los amados Neptuno y Virgo, Aries y Oromasis (y particularmente en Su uso del elemento Fuego que ha transmutado tanto de la efluvia humana como la Ley Cósmica lo permite de vez en cuando), lo que ha impedido que el Reino de la Naturaleza se rebele violentamente y arroje de vuelta sobre la raza humana en la forma de tornados, inundaciones y diversas actividades cataclísmicas, algo de la efluvia destructiva de las propias creaciones discordantes del hombre.

Durante estos tiempos de cambio en que la Tierra y todas Sus evoluciones están siendo purificadas y liberadas de mucho de lo que realmente nunca debería haber sido, a los Ángeles de la Protección y la Fe en Dios se les requiere servir aún más activamente aquí de lo que alguna vez antes lo hubiesen hecho. Nuestro Glorioso Regente (Sanat Kumara) y Nuestro Precioso Gautama (Nuevo Señor del Mundo) recientemente Me han pedido que permitamos que el Retiro de Banff permanezca abierto durante al menos siete meses sucesivos, a fin de que poder magnetizar e irradiar más de ese Poder Protector a través de los chelas conscientes aquí, a través del Reino de la Naturaleza, y a través de los vehículos emocional, mental, etérico y físico de toda la humanidad encarnada aquí. Naturalmente que accedimos a esta petición, y ahora contamos con una oportunidad aún mayor—que es la de ser uno de los Retiros Activos en el principio de este año importante de los Ángeles—1958. Estamos extremadamente agradecidos por esta oportunidad adicional, y aún cuando Nuestro Retiro cierra Su Servicio activo especialmente el 14 de marzo (1958), aunque tendrán sus procesionales sucesivos a través de los demás Retiros a intervalos de treinta días desde entonces, Nuestro Foco de la Fe en Dios aún permanecerá vibrante, vital y dirigiendo Su Protección Crística Cósmica hacia la Tierra y todas Sus evoluciones durante algún tiempo por venir.

CONCIENCIA DEL CAMBIO

Amados Míos, ustedes ahora son parte de un gran "Cambio" Cósmico que es poco conocido y aún menos comprendido por las mentes de los millardos de personas que pertenecen a las evoluciones de este Planeta. Quizás sea bueno, por lo general, que la mente externa de la gente no esté al tanto de tal "cambio" debido al tremendo miedo que prácticamente domina a muchas Corrientes de Vida. ***Estoy eternamente agradecido por sus Llamados pidiendo que se descarten la causa y núcleo de todo miedo en ustedes mismos, en toda la humanidad y también en el Reino Elemental, y les pido que continúen e incrementen esos Llamados hasta que cada uno de ustedes llegue a estar ¡ABSOLUTAMENTE SIN MIEDO!*** Entonces estarán en su propio lugar, donde quiera que su propio Dios de la Luz desee que estén, con el Rayo Azul de la Fe en la Supremacía de Dios Todopoderoso y de Su Poder sobre todo—este Rayo dirigido a través de su propia columna vertebral, animando su aura y centelleando hacia afuera a la atmósfera a su alrededor como un poder de energía positiva que puede elevar hacia dentro de la Confianza y Fe, la cualidad del miedo de una ciudad entera, de una nación o del Planeta mismo.

TRATEN DE NO PERSONALIZAR LA ENERGÍA

Ahora bien, en sus esfuerzos diarios, a medida que se desplazan sobre un rumbo de vida relativamente pacífico, tienen ustedes la oportunidad a cada hora (mediante el uso del Fuego Violeta[¶]) de practicar elevando la cualidad de la energía infelizmente calificada de miedo y otros sentimientos discordantes, cuando quiera que vean en acción tales energías que son inferiores a las Virtudes de Dios. Esto realmente puede y debería ser una alegría en vez de una tarea tediosa—si se dieran cuenta de que mediante esta práctica están elevándose hacia la maestría individual. Una y otra vez, los Maestros Ascendidos han dicho; "traten de no personalizar la energía". Si la energía está opaca, se torna depresiva, inarmoniosa o infeliz. Sea como fuere, esa energía necesita Perdón, Purificación y Redención. No se preocupen del grifo (esto es, la personalidad) a través del cual fluye esa energía "manchada"; si es discordante, es algo de la Vida Hermosa de Dios que temporalmente ha sido aprisionado en la discordia y que está ahora reclamando ser liberado.

Por favor, no concentren demasiado su atención sobre la forma a través de la cual la energía "manchada" está fluyendo, ya que ustedes realmente añaden sus propios sentimientos resentidos a ésta y, así, incrementan las corrientes de resaca de esas aflicciones, corrientes de resaca que barren constantemente de un lado a otro a través de la atmósfera de la Tierra. ¡En el Nombre de Dios, reconozcamos el hecho de que, doquiera que exista una palabra incisiva, un sentimiento depresivo, un gesto impaciente—doquiera que

[¶] Lo que la Llama Violeta es y la forma de utilizarla, puede encontrarlo el lector en el material compilado en *Oportunidad de Liberación* (Panamá: Serapis Bey Editores, S.A -1999).

sientan pesadez, letargo, desaliento o cualquiera de las cualidades negativas, traten de darse cuenta de que esa energía realmente es Luz Hermosa de Dios— parte del Cuerpo de los Gloriosos Helios y Vesta (o de algún otro Señor Solar si la corriente de vida en cuestión es un Espíritu Guardián y ha venido aquí desde otro planeta). Esta Vida ha sido aprisionada temporalmente mediante los pensamientos y sentimientos discordantes por quienes realmente *"no saben lo que hacen."* La oportunidad del sabio, entonces, estará en el uso INMEDIATO de la Llama Violeta Transmutadora y de las demás Llamas Purificadoras del Fuego Sagrado para elevar y redimir esa energía calificada discordantemente, no sólo liberando así la energía, sino también ganando maestría personal mediante la práctica del uso del Fuego Sagrado.

No se requiere de una demanda audible a este Fuego Sagrado si se está en presencia de individuos que necesitan asistencia, pero que no son conocedores de los Maestros Ascendidos y de Su habilidad para ayudarles. Sin embargo, a través del poder investido en ustedes mediante la Presencia de la Inmortal Llama Triple de la Verdad Eterna anclada en sus corazones palpitantes, pueden silenciosamente reclamar un Foco Todopoderoso de la Llama Violeta Transmutadora, el cual instantáneamente entrará en acción para controlar y purificar esa energía calificada destructivamente. Ustedes pueden elevar la cualidad de la energía tanto en sí mismos como en un objeto inanimado mediante el uso de esa Llama.

LLAMA DE LA ASCENSIÓN

El amado Serapis les dijo hace algún tiempo que la Llama de la Ascensión era tan práctica que realmente podría afinar un piano o "entonar" un motor. La Llama de la Ascensión podría prestarles muchos Servicios prácticos en la restauración de los objetos inanimados que ustedes tienen a su alrededor en sus hogares. Individualmente, los reto a invocar esa llama de la Ascensión a que resplandezca constantemente hacia arriba a través de sus hogares, y a que vean lo que hará por la sustancia y apariencia real de su mobiliario actual—para no mencionar lo que puede y hará (si le permiten hacerlo mediante su sentimiento de aceptación de Su Poder) en la transmutación de inarmonías que a menudo aparecen en la vida familiar.

Nuestro amado Saint Germain hace tiempo les prometió asistencia en el uso de la Llama Violeta Transmutadora en, a través y alrededor de sus hogares, si tan sólo creyeran en Su realidad, eficacia y acción inmediata, auto-sostenida y siempre expansiva para ustedes. De manera que ¡comándenla para que así sea! Si sienten que no tienen suficiente fe en la disposición y habilidad de la Llama para servirles, Pídanme que les de Mi Sentimiento de esa Fe que requieren. Vivo sólo para expresar la Realidad y Poder del Dios Todopoderoso como la Fuente Suprema de este Universo y recuerden—¡EL CREADOR ES SIEMPRE MÁS GRANDE QUE SU CREACIÓN! Por tanto, cuando quiera que su uso del libre albedrío destructivo haya llenado sus sentimientos con las experiencias aflictivas del mundo externo, el Amor y Misericordia duraderos dentro del Corazón del Padre Eterno, no sólo están dispuestos sino que son capaces de permitirles llegar "a Casa", para vivir allí en la Paz y Armonía Eterna Invencible, y "para no salir ya más".

¡Amados Míos, por favor, créanme porque Yo sé de lo que estoy hablando! Estuve delante del Trono de su Dios y el Mío hace muchas, muchas edades—cuando este planeta fue habitado por primera vez. Estuve allí entonces, y estoy aquí hoy como un Servidor de ese Dios y de la Luz dentro de sus corazones. No tengo otra razón para permanecer en la atmósfera inferior de la Tierra veintidós horas de cada veinticuatro, excepto Mi propio Amor por la Vida y Mi propia determinación para transmitirles, a través de Mi Radiación a su mundo, Mi Sentimiento de Convicción en el destino final de cada uno de ustedes como Seres Divinos, y en el destino final del planeta Tierra y sus evoluciones como la Estrella de la Libertad.

DOS ASPECTOS DEL PODER DIVINO

Ahora, amados Míos, Sé que la presión de energía que es Mía para dirigir, algunas veces le resulta algo incómoda a quienes desean que los de la Hueste Angélica sean expresiones de "amor maternal". Sin embargo, la liberación dinámica de la energía con la cual dirijo Mis sentimientos hacia ustedes es necesaria para penetrar los "caparazones" individuales de pensamiento y sentimiento en los que viven—sus auras personales. ¡Piensen por un momento conmigo! Cuando se Me abrió la puerta a esa "Empalizada" y entré en ella, piensen en la energía que se Me requirió para ser capaz de penetrar el "caparazón" alrededor de los individuos allí confinados que durante siglos habían rehusado doblar la rodilla ante los Señores del Karma, prefiriendo más bien permanecer dentro de esa oscuridad—¡viviendo sus "infiernos" particulares una y otra vez!

Si Yo hubiera ido allí gentilmente y de puntillas, tocando ligeramente sus mundos con una pequeña varita, (la misma que algunas veces lleva alguna representación de personaje del Señor Disney), ¿piensan que podría haber alcanzado la Llama en sus corazones? ¡Comprendan, **EXISTE EL MOMENTO CORRECTO PARA CADA ACTIVIDAD DE DIOS**! Existe un momento para liberar el **Poder** del Amor, y existe un momento para liberar la **Bondad** del Amor. Existe un momento para la acción y uno para la inactividad. Por ejemplo, en el caso de un llamado "accidente" del mundo externo—primero es necesario sacar de la escena del accidente al individuo o grupo involucrado y alejarlos de las aflicciones o peligros adicionales, y luego sigue el momento de la ministración, descanso y paz cuando esas corrientes de vida son nuevamente restauradas a la armonía, según las mejores habilidades de los ministradores.

BATALLA CONTINUA CONTRA EL MAL

Cuando la gente habla de Mí en términos de que recorro el mundo librando batalla con los espíritus del mal que se proponen destruir las almas de los hombres, esas personas no están muy erradas. Ustedes no han visto (y ruego al Dios de la Misericordia que nunca tengan que ver) las creaciones destructivas de la masa, muchas de las cuales recientemente han sido disueltas, gracias a Dios—que realmente los sofocarían y asesinarían—no tanto a sus cuerpos físicos como a los deseos constructivos dentro de ustedes para servir a Dios Todopoderoso o para permanecer sobre el Sendero de Luz. ¿Piensan que Yo podría acercarme a creaciones tan grandes como las mencionadas en *"Los Siete Poderosos Elohim Hablan"*,[7] cuando transmuté la totalidad de la creación masiva sobre el Continente de África, sin considerable Poder y Liberación de energía positiva controlada por Dios? Mis amados, esas creaciones destructivas de la masa en la atmósfera de la Tierra son inteligentes (porque, después de todo, están compuestas de vida de Dios mal calificada) y su naturaleza es propiciar la ruina de las almas humanas. Cuando servimos en los ámbitos síquico y astral donde moran estas creaciones, debemos esgrimir un Poder de la Luz que Nos proteja y que sostenga Nuestra Maestría. **¡Si les tocara a ustedes hacerlo, deberían hacerlo del mismo modo!** Sin embargo, la propia protección (digamos "automática") que reciben de Nosotros—que ustedes con frecuencia sienten pero que aún no ven con su visión física (tampoco gracias al Cielo, ven las enormes y malignas creaciones de discordia en la atmósfera de la Tierra dentro de la cual dirigen Nuestras Llamas y Rayos de Luz mediante sus

[7] Libro de *El Puente a la Libertad* traducido y editado por Serapis Bey Editores S.A.-Panamá 1995.

Decretos) los hace un poco negligentes en la demanda de su propia Luz Protectora Resplandeciente.

ARMADURA PROTECTORA DE LUZ

Amados Míos, existen ciertas condiciones malignas en el ámbito astral dentro de las cuales Yo no pensaría entrar **sin primero ponerme una Armadura de Luz completa.** Sin embargo, con frecuencia, los vemos a ustedes, a través de poderosos Decretos, sumergirse dentro de las creaciones masivas de enfermedad, males y toda índole de aflicciones, justamente envueltos en esos Tubos de Luz que han atraído alrededor de ustedes (sin contar con una fe total en su idoneidad) ¡y que pinchan a cada rato mediante el pensamiento, el sentimiento, la palabra hablada y la acción discordante! Estoy de veras agradecido de que reclamen esos Tubos de Luz, y que estén fortaleciéndolos a medida que continúan reclamándolos; y que luego sostengan más y más la armonía ininterrumpida en sus mundos.

Ahora bien, ¿por qué piensan que una y otra vez les He ofrecido el uso de Mi Armadura de Luz? ¡Por favor, úsenla porque es, naturalmente, para que los envuelva completamente con Mis Sentimientos de Protección: Mi Yelmo, Armadura, Espada, Escudo, Cruz del Cristo—por favor, PÓNGANSELAS y ÚSENLAS antes de entrar a la acción y habérselas con poderes de cierta malignidad concentrada de la cual su ser externo no sabe nada! *(Decretos para tal propósito aparecen al final de este libro)*

PROTECCIÓN CRÍSTICA CÓSMICA

Mis amados, cuando los veo tan sincera y seriamente haciendo sus Llamados a la Luz—y sin la Protección adecuada de la Luz, siempre, inmediatamente, invoco Legiones Ilimitadas de Ángeles alrededor de ustedes para darles Su Protección Crística. Ustedes no tienen idea de la cantidad de Protección Crística Cósmica que ha sido necesario que Yo invoque para capacitarlos a recibir desde "Lo Alto" a través del ámbito psíquico hacia el interior de la atmósfera inferior de la Tierra, la Radiación y la Palabra hablada de los Arcángeles, aún durante este período de cuatro días.[§] Hasta ahora, se ha dado más de esta Protección desde Nuestro lado—pero sería maravilloso si cada uno de ustedes individual y colectivamente (cuando estén en actividades grupales) invocaran a la acción a Mi Armadura de Luz Protectora, antes de reclamar y dirigir las poderosas Llamas y Rayos de Luz hacia dentro de las corrientes de resaca de odio, sexo descontrolado, crimen y maldad de toda índole en la atmósfera de la Tierra. De no haber sido por la Protección que Yo y Mis Legiones les dimos en el pasado, no estarían ustedes hoy aquí, ni habría nada de naturaleza permanente anclada dentro de su conciencia externa de los Grandes Seres a quienes han llamado; ni hubiera podido darse la extraordinaria purificación que ha tenido lugar aquí.

Ahora bien, no es que Nosotros no seamos capaces o estemos dispuestos a sostener esta Protección para ustedes, sino que es cuestión de Economía Divina. Comprendan que todos ustedes están ahora en un punto de conciencia en que son capaces de sostener esta Protección por su cuenta; y cuando alcanzan tal conciencia... ¡la Gran Ley requiere que la utilicen! Tal cual se les ha dicho, en los Ámbitos Celestiales hay una gran conservación de energía. En cada proyecto que acometemos, se Nos asigna cierta cantidad de energía para lograr dicho empeño, y si Nos vemos obligados a usar esa energía en protegerlos, nos queda menos para utilizar en otros menesteres. ¿Comprenden? De manera que será de extraordinaria asistencia para Nosotros, para Nuestra Actividad y para ustedes mismos si, de ahora en adelante, reclaman más protección cons-

[§] Se refiere aquí el Arcángel Miguel a los *Discursos* dados por los Siete Arcángeles sobre Sus Actividades y Servicio que aparece en el Libro ***Los Siete Arcángeles Hablan,*** de *El Puente a la Libertad* (traducido y publicado por Serapis Bey Editores S.A. Panamá,1995).

tante y completa a medida que avanzan en el Servicio de la Luz. ¿Tratarán?

EL SILENCIO Y LA PAZ NO SON LETARGO

Algunas veces toma un verdadero prodigio estimular las energías constructivas del cuerpo etérico—de lo contrario el ser externo permanece sin ser impresionado. Por ejemplo, el Sol sale todos los días sin hacer ruido, y de igual manera se pone; cuando la primavera viene, las hojas y flores se abren muy silenciosamente; sus cosechas llega a la existencia sin ruido, y la humanidad acepta todo esto como cosa de rutina. Sin embargo, si el Sol saliera cada día con un gran rugir como el de un trueno, y si en la primavera cada flor estallara con un sonido u otro que se dejara oir por toda su casa además de su jardín, pienso que quizás la humanidad sería mucho más consciente *[aware]* de la magnificencia de la primavera. De manera que las grandes Actividades Cósmicas de Purificación y Protección que han estado sucediendo en, a través y alrededor de la Tierra durante algún tiempo, y que se realizan rodeadas del llamado "silencio", son precisamente dadas por sentadas por la humanidad y aceptadas de manera muy plácida.

Le ruego a nuestro Padre Celestial que todos los cambios purificadores por los que la Tierra está pasando, sean igualmente aceptados de una manera plácida por la humanidad—libre de miedo y de todo tipo de aflicción. Sin embargo, una placidez "externa" no siempre entraña una placidez "interna"—de manera que todos tratemos de hacer y de mantener SIEMPRE una placidez interior— calma y tranquilidad de corazón—física, etérica, mental y emocionalmente controlada por Dios todo el tiempo. ¡Ahora, observen bien, no estoy diciendo que deben ser letárgicos! ¡Quiero que estén alertas, si bien en paz constante y Divinamente!

Al enseñarle a la mente externa a estar en paz, parece muy difícil alcanzar precisamente ese equilibrio perfecto entre el letargo o indiferencia y tensión. Cuando a la gente se le dice que esté en paz, le gusta asumir la conciencia letárgica y decir: *"Precisamente no haré nada—que se haga la Voluntad de Dios—caeré aquí donde estoy."* ¡¡¡Quiero que se **levanten** AHORA allí donde antes **cayeron** !!! Durante millones de años ustedes han estado cayendo, desde que al principio "cayeron desde la gracia".

Ahora, en el Nombre del Dios Todopoderoso, ***LOS CARGO INDIVIDUALMENTE CON LA CAPACIDAD Y PODER PARA LEVANTARSE SERENOS Y EQUILIBRADOS EN LA FE DE QUE DIOS PUEDE CONTROLAR A TODA PERSONA, LUGAR, CONDICIÓN O COSA AL HACER USTEDES EL LLAMADO*** — sabiendo también que Mi Presencia siempre está con ustedes; que Mi Vida es suya para que la comanden... ¡porque Soy el Servidor de su Ser Espiritual! Como He dicho a menudo—los He seguido a lo largo de muchas autopistas y atajos de existencia; justamente a través de cada punto oscuro que pudieron encontrar y una y otra vez los He sacado de allí mediante el Poder Magnético de Mi Gran Amor por ustedes. Ahora están ustedes una vez sobre el Sendero Ascendente, y su Luz está expandiéndose.

TEXTURA DE LOS TUBOS DE LUZ

Retornando de nuevo al tema de sus Tubos de Luz, ustedes los han atraído a su alrededor pero (mirando sobre ustedes como Estoy haciendo hoy) veo que si bien están muy bonitos, están delgados en textura porque hasta ahora no han aceptado completamente su eficacia para servirles. Amado Dios, crea esos Tubos de Luz alrededor de cada uno de manera tan poderosa que realmente se conviertan para ellos en la Armadura de Luz del Primer Rayo.

Los amados Polaris y Magnus (los Grandes Seres cuyos Rayos de Luz conforman el Eje Real de la mismísima Tierra), están irradiando la Llama Azul desde el propio Corazón del Planeta hacia arriba a través de Su sustancia y de todo lo que vive sobre el mismo—no sólo a través de aquéllos que están encarnados, sino a través de los que también pertenecen a la Tierra, quienes están ahora en los Niveles Internos, fuera de la encarnación en este momento.

En virtud de que las cualidades de la Llama Azul del Primer Rayo son tanto Fe como Protección, esta Radiación está anclándose hoy en, a través y alrededor de todo lo que contacte, asistiendo en la habilidad para aceptar la Verdad de la Bondad Innata de Dios; en la aceptación de la realización de que toda discordia y mal de toda índole son creados por la mala utilización humana de la vida, y que está también sacando del error a la conciencia de la humanidad de cualquier aceptación de que un Dios Bueno y Amoroso podría infligir (o infligiría) sobre la humanidad o sostendría cualquier tipo de mal como un CASTIGO para cualquiera o todas Sus creaciones.

A continuación, decreto lo siguiente: ***La humanidad deberá aprender a conocer a Nuestro Buen Dios como el más tierno Padre de Amor y Misericordia, y será lo suficientemente grande como para tomar sobre sus propios hombros la responsabilidad por la vida mal calificada—reconociendo honestamente que las experiencias destructivas y sufrimientos que algunas veces soporta son el resultado y retorno de su propia magnetización voluntaria y mala calificación de la Vida. Entonces, la humanidad dejará de aceptar como la Voluntad de Dios, la enfermedad de mente o cuerpo, la vejez, los males y la desintegración de la carne y todas sus ramificaciones acompañantes de imperfección, ESTAS APARIENCIAS NO SON LA VOLUNTAD DE DIOS, porque Su Voluntad es Paz, Pureza, Felicidad, Salud, Suministro ilimitado de toda cosa buena—sin una sombra de aflicción de ningún tipo.***

CONSTANCIA DE LA NATURALEZA

Piensen por un momento acerca del Reino de la Naturaleza y cómo continúa estación tras estación—año tras año—cumpliendo de ese modo con la Voluntad de Dios, dándoles la belleza, la fragancia y el color de las flores en los jardines; sosteniendo el azul celestial del cielo y las estrellas titilando en él; ese bendito Sol Iluminando la Tierra de día e irradiando Su calor de vida a todo lo que es; manteniendo al elemento agua tan limpio como sea posible y al aire purificado para que la humanidad pueda continuar respirando el ozono refrescante; las cosechas vienen y van—a pesar de que a menudo son cruelmente desperdiciadas y destruidas por los receptores de estos regalos abundantes.

HORA OSCURA

Amados Míos, quizás no sepan que cuando Nuestro amado Sanat Kumara vino por primera vez a esta Tierra—en el momento en que el eje ya se había doblado cerca de cuarenticinco grados, y que cualquier "inclinación" adicional habría sido totalmente desastrosa para este Planeta y las evoluciones sobre Él. El Reino de la Naturaleza había dado la noticia de que ya no produciría sus regalos para la humanidad tan llena de discordia y de falta de aprecio por sus servicios y cosechas. ¿No piensan que ésta fue una hora oscura en la historia de la Tierra? Piensen lo que sucedería aquí si, por tan sólo un año, el Reino de la Naturaleza rechazara dar de Su sustancia que sostiene la vida de sus cuerpos ¡en sólo alimentos y agua! Sin embargo, se evitó el desastre por la tremenda liberación del Amor Divino del amado Sanat Kumara—ese Amor que es el Poder Motivador del Universo entero. A través de la venida de Su propia Presencia aquí y la de los tres Kumaras que le acompañaron (además de la asistencia amorosa de las novecientas corrientes de vida que se ofrecieron voluntariamente para preceder la venida de Sanat Kumara y preparar Shamballa como un hogar para Él aquí), hubo la necesidad de traer Tranquilidad y Paz al Reino de la Naturaleza y a cada Elemental dentro de Éste. Luego, ellos dijeron: "Bien, si estos Grandes Seres están dispuestos a dejar Venus para permanecer con esta 'estrella oscura', y si Polaris y Magnus están dispuestos a impedir que el eje se incline más; si los Grandes Señores Solares y la Ley Cósmica están dispuestos a darle a la Tierra otra oportunidad para que se sostenga como una Joya en el Collar Solar, nosotros continuaremos supliendo la sustancia para la humanidad mientras viva sobre el Planeta". ¡Eso ocurrió hace millones de años!

CULTIVEN SENTIMIENTOS DE APRECIO

Amados Seres—en el libro *"Los Siete Poderosos Elohim Hablan",*[5] el Elohim de la Paz describe en detalle justamente como Él llegó a ser una pequeña flor amarilla, y cómo aparecía estación tras estación como la misma flor diminuta ¡durante millones de años! ¿Ven? Esos pequeños Elementales han consumido bastante tiempo y energía para aprender cómo llegar a ser realmente la forma de lo que desean crear—digamos, por ejemplo, una habichuela. Ellos primero se convierten en la forma por sí mismos, y hacia dentro de esa forma atraen la sustancia que crea ese vegetal en particular, o lo que sea. Cuando se completa Su servicio, regresan al Templo de la Naturaleza y al Instructor que los envió adelante. **¡Y salen entonces algunos grupos que no les gusta las habichuelas!** Ha habido mucha de la energía de algunos pequeños seres que entran en la creación de justamente una de esas habichuelas—¡mediten esto! Luego, piensen en el irrespeto e ingratitud que la gente tiene por y hacia el alimento. Rechazan esto y rechazan lo otro — y son muy "exigentes" en lo que concierne a los regalos que se les dan tan libremente. Piensen en la variedad de cosechas que se proveen para la gente

[5] op.cit

de esta Tierra a fin de que no tengan todos que comer la misma cosa, y que puedan tener un cambio de alimento de vez en cuando.

Después que el amado Sanat Kumara vino, y que el Reino Elemental finalmente decidió que continuaría creciendo y dándole a la gente lo que necesitaba para su sustento, los Elementales hablaron en concejo y dijeron: "¿Qué tal si les damos justamente un sólo tipo de cosecha—por ejemplo, el trigo? Que la gente haga con eso lo que les plazca, y nosotros haremos tanto de eso como se pueda". Fue entonces que los Grandes Directores de las Fuerzas de los Elementos ripostaron: "No, lees daremos una diversidad de cosechas—trigo, centeno y otros cereales; vegetales y frutas de muchos tipos y descripción. También continuaremos en la diversificación de las flores, árboles y arbustos." Amados Míos, ustedes han sido salvados de mucha aflicción de la cual no saben nada, debido a la constancia de esfuerzo de muchos Seres que los han amado y servido, así como también a todo el resto de la Vida—a pesar de la falta de aprecio por esos regalos.

ODIO ENCUBIERTO

¿Saben, amados Míos? En este salón no hay siquiera una persona que, en un momento u otro —en esta vida solamente—no haya rechazado alguno de los regalos de la Naturaleza como repelente (sea en alimento o de otro modo), en que algún Elemental individual dio de Su propia vida para crearlo y sostenerlo. Ahora, lleguemos a un punto de ***Sentimiento de gratitud***—¡gratitud por no tener que comer la misma cosa todo el tiempo! Estén agradecidos de que exista tal diversidad de forma para su disfrute. Si no desean participar de la sustancia... ¡al menos bendíganla! Den gracias a la Vida por haberla creado, y hagan el Llamado de que cumplirá su Plan Divino de ser—ya sea que concierna a su propia Vida o no. ¡Nunca desprecien nada! Ustedes no pueden ser chelas del Reino del Amor al tiempo que desprecien a cualquier parte de Vida, a Sus creaciones o a cualquier cosa que la Naturaleza haya provisto para el uso de alguna parte de Vida. Si sienten que la energía dentro de esa forma no es buena, con su conocimiento actual del uso de la Llama Violeta Transmutadora, **pueden elevar la cualidad allí** flameando la Llama Violeta a través de ésta. Sin embargo, lo importante aquí es el sentimiento dentro de ustedes.

Ahora bien, puede que no les guste la música a un volumen alto, que les caiga mal la gente del Primer Rayo, o que les desagrade algún tipo de alimento o bebida—esa "aversión dulce" es toda una ramificación de ODIO que es una fuerza repelente y que es parte de la efluvia de la creación humana. Cuando llegan a la conciencia del Arcángel (que estoy tratando de transmitirles hoy) de liberar la Vida a través del Amor—entonces pueden ser bien positivos—PERO... ¡POSITIVAMENTE AMANDO, AMABLES Y PERDONANDO TODO LO QUE ES!

Supongamos que no Me hubiera gustado la gente de la "empalizada". Ciertamente no tenía afinidad particular por la aflicción que ellos concientemente habían creado a través de todas las edades—pero supongan que Yo hubiera dicho: *"Oh—ellos han creado discordia—¡déjenlos permanecer allí!"* ¡NO! Esa NO es la manera en la Divinidad actúa. La manera de la Divinidad es la del Perdón y Redención— LIBERACIÓN A TRAVÉS DE LA RECALIFICACIÓN DE LA ENERGÍA. y hacerlo impersonalmente. ¡¡¡IMPERSONALMENTE!!! De manera que si no les gusta alguna otra denominación religiosa, raza o credo—esa es una ramificación de la misma cualidad de odio. Por tanto, cualquier manifestación de Vida que les resulte repelente es simplemente una oportunidad para que ustedes recalifiquen la energía. ¡PUEDEN HACERLO! Dios les ha dado dominio sobre toda sustancia de la tierra y el mar, y sobre todas las criaturas que moran sobre ésta y dentro de ésta, a través del poder y uso de la Palabra Creadora "YO SOY", el foco de la cual está anclado dentro de la Inmortal Llama Triple de Verdad Eterna que pulsa en cada Corazón físico. Ustedes pueden elevar la cualidad de la música; la cualidad del servicio en todas las religiones e iglesias; la cualidad de la energía en todas las razas sin siquiera pronunciar una palabra, mediante el uso de la Llama Violeta Transmutadora— justamente siempre que permanezcan POSITIVAMENTE AMANDO A DIOS; POSITIVAMENTE AMANDO LA VIDA y honestamente pidiendo que la causa y núcleo de antipatía, resentimiento, rebelión y odio sean extraídos de ellos y reemplazados por la Perfección de su Plan Divino cumplido. Entonces... **¡no luchen con o contra esas cosas!** Esa es una de las razones de Nuestra existencia aquí—**¡para ayudarlos!** Es la razón de por qué Yo estoy aquí; de por qué la amada Astrea está aquí y de por qué Saint Germain está aquí—justamente para ayudarlos a ustedes y a todas las evoluciones de la Tierra a que sean libres—incluyendo naturalmente a la Tierra misma. ¿Qué otra razón tendríamos para permanecer?

SONDEO DIVINO

Mis amados, a menudo las causas y núcleos de las aflicciones están enterradas profundamente en los cuerpos etéricos. Algunos de ustedes han visto cómo cirujanos sacan una bala de una herida, y saben que esto a veces requiere de un poco de sondeo. En estos días de tal oportunidad para una Purificación completa y eterna, la Poderosa Astrea viene instantáneamente a su Llamado conciente con Su Círculo y Espada de Llama Azul para eliminar las causas y núcleos de todas las aflicciones humanas; Yo estoy aquí con Mi Espada de Llama Azul y con todas las Actividades desde Lo Alto que la Hueste Ascendida y los Seres Cósmicos Son y Tienen—¡todo está disponible para ustedes! ¡SÓLO DÉJENNOS ENTRAR EN SUS MUNDOS!

¡Oh, Dios de Vida y Luz! En Tu Poderoso Nombre "YO SOY", Te invoco para la asistencia en la apertura de la conciencia de la gente de la Tierra a la realidad de la Hueste Angélica—al punto en que permitan que los Ángeles entren a sus mundos, para vivir allí como Amigos Divinos y Compañeros Servidores de la Luz, hasta la terminación de esta tarea de Purificación de la Tierra y sus evoluciones. Debido a que Sé que siempre respondes a cada Llamado—¡ESTO SE HACE AHORA MISMO!

Muchas gracias por dejarme entrar en sus mundos hoy, por su atención a Mí y Mis Palabras de Amor para ustedes. Buenos Días.

9

DISCURSO DEL ARCÁNGEL MIGUEL

(tomado del *Diario de El Puente*, 2 de Marzo de 1958)

YO SOY" Miguel, Servidor del Más Alto Dios Viviente, quien Me ha dado el Ser, la Individualización y la Oportunidad para co-crear en este y otros sistemas planetarios, Su propia Perfección. "YO SOY" Miguel, el Servidor de Su propia Luz, viviendo para liberar la Vida aprisionada doquiera que pueda encontrarse. "YO SOY" Miguel—Aquél que comanda las Huestes Celestiales a permanecer dentro de la atmósfera de esta Tierra y realizar esos Servicios bajo los Siete Rayos que son el aspecto particular de esos Rayos. "YO SOY" Miguel, quien Ama al Dios que los hizo a ustedes; quien Ama a la Hueste Angélica que sirve Conmigo; y quien los Ama, Hijos Míos, a todos sobre este planeta Tierra y a todo el que pertenece a esta evolución. "YO SOY" Miguel, quien se ofreció a venir mediante el propio libre albedrío, a custodiar, guiar y proteger el destino de todos los individuos que pertenecen a este planeta Tierra. "YO SOY" Miguel, quien aceptó la mayor responsabilidad cuando la Tierra se convirtió en un salón de clases para los "rezagados" de otros sistemas y mundos; de proteger la Fe dentro de los Corazones de los hombres de toda apariencia discordante; y voy a quedarme aquí hasta que todo ángel aprisionado, toda la humanidad, todo elemental y toda cosa viviente conozca la Liberación completa; porque tal es Mi Amor por Dios; tal es el Poder Motivador de Mi Ser. Este Servicio es para Mí la única razón de ser. Este Servicio es ahora (y siempre será) devolver a Dios en Pura Perfección, esa parte de Vida quc —mediante el uso del libre albedrío— escogió temporalmente los senderos que conducen a la discordia y aflicción.

Ha sido Mi Alegría, Mi Privilegio y Mi Honor a través de muchas, pero muchas eras haber custodiado la Chispa Divina —que es la Vestidura del Santo Ser Crístico de la gente que ha utilizado la Tierra como un salón de clases— y proteger esa Chispa, alentándola con Mi Propia Fe, Mi Propio Amor y Luz, sosteniéndola dentro del alma para que los individuos no pasaran por la "segunda muerte". Mi esfuerzo ahora consiste en expandir esa hermosa Llama dentro de sus corazones mediante el aliento y la presión de todos los Ángeles, Seres y Poderes del Templo de la Fe —además de Mi Propia convicción y sentimiento del Poder de la Fe en la Bondad de Dios.

TIERNO PODER DE LA FE

No existe inteligencia auto-conciente que no tenga Fe; pero es dónde alguien coloca su Fe —a través de su atención por medio del uso de su propio libre albedrío— lo que determina qué actuará en su mundo y en sus asuntos.

Estoy decidido —ya que la Cualidad de la Fe es parte de Mi Propia Corriente de Vida— a desconectar la Fe que la humanidad ha colocado en las apariencias discordantes y limitantes, y a CONECTAR concientemente la Fe de cada corriente de vida, si está encarnada o si va a encarnar aquí en el futuro, con el Poder del Dios Todopoderoso como el Padre (su propia Presencia "YO SOY") Amable, Restaurador y Redentor final.

Amados Míos, la Fe es un sentimiento tierno. La

Fe verdadera es una de las Gracias. Ustedes lo consideran en términos de poder porque Yo esgrimo mucho Poder en el Primer Rayo, pero quiero que por un momento piensen en la Fe en términos de Gracia —esa maravillosa Fe tierna en el Poder de Dios que los hizo a ustedes, en la Inmortal Llama Triple dentro de su Corazón que mantiene su cuerpo físico vivo, además en Aquellos de Nosotros que representamos a la Gran Hermandad Blanca para asistir en la Redención de las evoluciones de esta Tierra.

Pido la Fe que se les dio para que la colocaran donde quisieran. Como un Amigo del Templo de la Fe, extiendo Mi mano a ustedes y les pido su Fe, porque el Poder de los Elohim, de los Arcángeles y los Poderosos Chohanes es mayor que todas y cada una de las apariencias humanas limitantes. Si Yo pudiera contar una docena de corrientes de vida cuya Fe Me fuera dada concientemente y no retirada de nuevo a la primera insinuación de aflicción en el mundo externo, esa Fe podría ser irradiada a través de la raza humana entera mediante el poder del contagio.

INTERCAMBIO AGRADABLE

Su Fe es un sentimiento tierno y hermoso. Su uso es un regalo del libre albedrío que les pido Me den; y Yo, en retorno, les daré el pleno Ímpetu acumulado de toda Mi Fe, acumulado a través de experiencias en las que He visto cómo vibraciones discordantes han sido cambiadas a unas armoniosas mediante el uso del Poder de la Vida Divina. ¿No es éste un intercambio agradable? **¡Ustedes Me dan su Fe y Yo les doy la Mía!** Algunas veces su fe en el Poder Total de Dios, la Presencia "YO SOY" Universal, vacila. Hagan una práctica—*en tales momentos de necesidad, deténganse, cuando el miedo y aflicción surja en sus sentimientos—y* ***¡ofrézcanme concientemente su Fe!***, que de vuelta sobre el propio rayo de su energía fluirá hacia ustedes Mi Poder de la Fe Cósmica en la Bondad de Dios.

Amados Míos, la expansión de la Fe a través del cuerpo estudiantil en los Poderes del Fuego Sagrado estará determinada por la fe del cuerpo estudiantil en esos Poderes. Durante este período de treinta días (desde el 25 de febrero al 14 de marzo de 1958) tengo la oportunidad de ayudarles a ustedes —que son el corazón de la Fe— para fortalccer su fe en los Poderes que son Buenos, que son Duraderos, que son Permanentes. Esto puede ser una práctica mental que se hace sin expresión externa, aún sin pronunciar palabra alguna, al elevar su fe hacia Mí o hacia Dios. A medida que hagan esto repetidamente, llegará a ser más y más fácil para ustedes sostener esa fe, y sobre el Rayo de esa fe sostenida vendrán las obras bien hechas. Esto lo sé, porque cuando traté de prestar el Servicio de liberar a las almas de las tremendas acumulaciones traídas por los rezagados desde otras estrellas, ¿acaso no piensan que Yo tenía que estar anclado en la Fe para enfrentar cuanta acumulación ellos hubieran traído? Sin embargo, algún día cada uno de tales individuos, además de los que pertenecen a las evoluciones de la Tierra, serán redimidos. Prometí a Dios Todopoderoso que permanecería con esta Tierra y sus evoluciones hasta que tal redención se completara—cada electrón brillando con su Luz, cada Elemental feliz y libre; cada Ángel libre de los lazos de la mortalidad; cada ser humano, una manifestación Divina dignificada de su propio Ser Crístico al tiempo que camina sobre el planeta Tierra, devolviendo esta Estrella a la Belleza y Perfección que conoció antes de que ocurriera tal contaminación temporal.

CONCIENCIA PROYECTADA

Ustedes, amados Míos, pueden elevarse en pensamiento, y sobre ese mismo pensamiento, en vez de tener que cruzar la gran Cordillera Canadiense, pueden entrar a Nuestro Templo; pueden subir los escalones; pueden disfrutar su Belleza; pueden entrar y contemplar la Llama de la Fe, bañarse dentro de ella, sentir Su Esencia penetrando su conciencia etérica, sus cuerpos mental y emocional. Tienen libertad completa para disfrutar de los magníficos terrenos que lo rodean—las piscinas, las fuentes a los Ángeles y los Devas que están allí presentes. LAS PUERTAS QUE LLEVAN AL REINO DEL CIELO SE HAN ABIERTO, y todos los Hijos del Cielo han dicho: ¡Bienvenidos! ¡Bienvenidos! ¡Bienvenidos hijos de la Tierra y Espíritus Guardianes! Bienvenidos a Nuestros Hogares, a Nuestros Corazones y a Nuestras Experiencias. Tomen de Nosotros la Felicidad que es Nuestra para dar. Tomen de Nosotros esa Virtud que desean y requieren; vivan en Nuestros Corazones y Nuestros Mundos tanto tiempo como deseen; y cuando deban regresar a sus propias órbitas y hogares, lleven consigo no sólo la radiación de esa Virtud que Somos, sino también a un Padrino que ha sido entrenado durante centurias con esa CONVICCIÓN y PODER DE FE en la Bondad de Dios; FE en la Supremacía Absoluta de Dios de que doquiera que Su Sagrado Nombre "YO SOY" sea pronunciado... ¡la discordia cesa de ser!

FE MAL COLOCADA

Mis amados, nuevamente digo: **"¡Denme su fe! ¡Denme su fe! ¡Denme su fe!"** La Fe es un sentimiento delicado. *La Fe, mal colocada, seca el cuerpo etérico y planta suspicacia y desconfianza en el alma.* Cuando esa Fe ha sido mal colocada, Soy Yo quien amorosamente la alienta, la suaviza, la purifica y la restaura nuevamente a la Perfección.

¡Ah, Mis Preciosos, He visto sinceridad de motivo con la fe mal colocada, y las lágrimas y desilusiones que siguen! Esa es la razón por la que les digo que la Fe es cosa delicada y hermosa. Por todas las corrientes de vida que han usado esta Tierra como un salón de clases desde el principio de los tiempos y todo el que la usará en el futuro, estoy aceptando la responsabilidad de purificar sus cuerpos etéricos del resultado de la fe mal colocada en muchas encarnaciones desde la primera vez que salieron del Corazón de Dios, descartando en los Niveles Internos la causa y núcleo de toda desconfianza y suspicacia, de todo miedo y duda, devolviéndole a cada uno de la Armadura Brillante y Resplandeciente de la Fe en Dios y Su Bondad ¡HOY MISMO, ESTA NOCHE!

Con Poder le digo esto a la conciencia emocional, mental, etérica y física de toda Vida. Aún el reino animal (aunque no tiene inteligencia auto-conciente ni Llama Triple individualizada) tiene fe. Un perro, un gato, un caballo tiene Fe en el ser que lo alimenta y le sirve. Esa fe, también algún día elevará esa energía aprisionada hacia la expresión completa como un Elemental de belleza; y esa fe, también, ha sido maltratada por muchas corrientes de vida que han tomado ventaja indebida de la confianza del reino animal, luego los han matado para propósitos carnales. Todo eso es parte de la Esencia de Mi Ser que debe pasar por el proceso de redención y será redimido en este período de treinta días.

10

LA FE ES LA SUSTANCIA DE LO QUE DESEAN

por la amada Señora FE

(tomado del *Diario de El Puente*, Julio de 1959)

Aún los estudiantes que más disciernen y los más contemplativos no han atado una parte fragmentaria de Mi Naturaleza y capacidad a través de ellos para atraer adelante la manifestación.

Sin la materia prima como carbón, hierro y madera; lana, seda y pelaje, no tendrían una manifestación de una forma tridimensional que haya bendecido a la humanidad en sus necesidades esenciales de vida, confort y lujo.

Cuando los estudiantes reciben la Idea Divina desde la Presencia —el plano *[blueprint]* de algún deseo, diseño o forma por medio de la cual se va a enriquecer la belleza de la Vida, la suya propia o la Universal— debe proveerse la **sustancia**, la materia prima de donde, de acuerdo a la eficacia de sus facultades diseñadoras, el resultado será el producto final. Llegamos, entonces, al punto de posiciones gastadas que la humanidad ha disfrazado durante siglos:

"*La Fe es la* ***sustancia*** *de las cosas que se esperan — la* ***evidencia*** *de las cosas que no se ven.* El deseo y el diseño liberado a la conciencia intelectual desde la Presencia representa la **Cosa** que se espera. Vemos, entonces, que la **Fe** es la materia prima— es la SUSTANCIA REAL que emana desde la corriente de vida que trabaja en la manifestación en cooperación con Mi Rayo Cósmico, y que esa sustancia se convierte en la fuerza electrónica que llena los pensamientos y sentimientos forma.

Saint Germain, en Sus esfuerzos por impresionar este punto en la mente de los estudiantes, define FE de la siguiente manera: ***«La Fe es un Poder Conquistador Emanante»***. La palabra "emanación" entraña radiación desde el centro hacia afuera.

Cuando estas dos frases se unen, dan una tremenda bendición para la precipitación.

La Fe es la **sustancia** que **emana** desde algún centro, y la sustancia así emanada se convierte en la **evidencia** o **manifestación** de la idea **no vista.**

Me maravillo que la humanidad haya parloteado tanto tiempo acerca de la Fe, sin realizar Su palpabilidad, Su tangibilidad, Su moldeabilidad **y Su Presencia esencial antes que la manifestación pueda darse.**

¿Cómo, diremos, que la Fe emana del tímido ser externo? Por medio de correlacionar la mente con la realización de que la Idea Divina viene de Dios, y presiona a través de la conciencia intelectual como un mensaje del Padre al Hijo de que más belleza es el Diseño de Dios por medio de la Mano del Hijo en este mundo. Luego, desengañando a la conciencia humana una y otra y otra vez de la indebida responsabilidad y conciencia de arrogancia de ser el hacedor, la acción y el hecho.

Tenemos, así, la Mente conciente aceptando el deseo del Padre dentro del cuerpo mental. Debemos entonces devolver la **Naturaleza de la Fe** al Poder de la Presencia como el único Poder que puede actuar, y esta propia rendición da inicio a la radiación de Fe que es una liberación de la sustancia desde la Presencia, la cual acomoda al ser externo y realmente atrae, integra y precipita la Luz Electrónica, la cual conforma la vestidura de la manifestación.

El amor del ser externo por la Presencia permite el **Poder Conquistador Emanante** desde la Presencia, el cual se convierte en la cualidad conocida como FE que fluye a través del individuo.

Por supuesto, cuando se está familiarizado con Mi Ser como un Foco de Dios Definido e Inteligente de esta Cualidad, puede acoplarse la propia invocación a Mí con su devoción a la Presencia, y la Fe de Mi Rayo Cósmico fluirá adelante libremente.

11

TRABAJANDO POR LA UNIDAD Y LA GENERACIÓN DE LA FE EN DIOS

por el Arcángel Miguel

(tomado de *Boletines Privados de Thomas Printz*, Vol. 6, N° 26)

Salve, benditos y amados Espíritus Guardianes quienes, al igual que Yo, han renunciado a una libertad mucho mayor en otros planetas y sistemas, para servir en este hermoso proceso de redención. ¡Les saludo como compañeros esta noche! Ni ustedes ni Yo sabíamos que esta redención resultaría ser un proceso tan largo, pero por razón del Dulce Amor, no importa cuánto tiempo lleve... ¡SERVIREMOS hasta que la última alma sea redimida, hasta que cada Elemental sea purificado, hasta que cada Ángel sea devuelto a la Liberación del Estado Divino, y hasta que toda Vida por doquier sea regresada al Reino del Cielo! Ese es el regalo de Nuestro Amor para este planeta Tierra y Sus evoluciones. Es el regalo de Nuestro Amor al Dios que Nos creó y que ha sostenido la Vida dentro de Nuestros corazones durante todos los æones. Es el regalo de Amor que Nos mantiene fieles al Voto de Redención aún cuando los miembros pertenecientes a la raza humana y algunos Espíritus Guardianes mal guiados, continúen creando —mediante el uso destructivo del libre albedrío— efluvia astral y psíquica que sólo el gran acto de beneficencia de las Fuerzas de los Elementos y los Seres del Rayo de Purificación ayudan a disolver, hasta el punto en que la humanidad no pueda ser sofocada físicamente por la misma razón de esa efluvia que regresa a sus pulmones y envenena sus sistemas.

FALSA EXPULSIÓN

Amados Míos, se Me ha llamado el "Santo Guerrero" y al respecto algunos podrían decir que esto es verdad debido a Mi determinación intensa e implacable de LIBERAR la Vida. Por favor, en el Nombre de Dios, usen el sentido común y piensen por un momento que un Dios de Amor NO EXPULSARÍA a ninguna parte de Vida del Reino del Cielo o del Jardín del Edén; ni ordenaría a ninguno de Sus Mensajeros a EXPULSAR a ninguna corriente de vida de la Armonía del Cielo. ***¡Este concepto erróneo tiene que ser borrado de las mentes de la gente AHORA!*** ¡YO NO EXPULSÉ a quienes desobedecieron! Cada corriente de vida que descendió por debajo de la acción vibratoria de Armonía sostenida, era una conciencia auto-expulsada; y realmente absurdo sería Mi servicio en este universo como Pastor si anduviera vagando alrededor del Universo EXPULSANDO corrientes de vida en vez de atraerlas *a Casa* porque, hasta que ellos regresen *a Casa*... ¡Yo no puedo irme al Hogar! Ahora bien, seamos sensatos. No hay pastor humano que, al encontrar un pasto verde y aguas tranquilas, EXPULSE a sus ovejas hacia las laderas de la cordillera. Él las mantiene en ese pasto, saliendo a las laderas en pos del cordero extraviado o por aquél que esté afligido, y los trae de vuelta consigo. Esa es la Actividad y Servicio de la Hueste Celestial— ¡***traer a la humanidad, la Vida Angélica y Elemental DE VUELTA a su Estado Divino***!

¡Así que, por favor, saquen de sus mentes — además de las de aquellos seres humanos a quienes puedan ustedes llegar— la idea de que ando por allí con Mi Espada de Llama Azul cortando cabezas! Por el contrario, ando por allí cortando CREACIONES HUMANAS a fin de que la Vida—esa Vida que es Dios—pueda encontrar su camino de regreso a los '*pastos verdes*'; '*reposando al lado de aguas tranquilas*'; y VIVIR EN EL REINO DEL CIELO. ¡Sólo entonces podré poner Mi Espada en el estante e irme *a Casa*! ¿No es esto sentido común?

Amados Míos, aún en el plano Terrenal, ninguna Corriente de Vida es jamás expulsada de ninguna actividad constructiva por otro ser humano constructivo. Podrán ustedes pensar que eso no es así... ¡pero lo es! Cuando un individuo deja una organización constructiva—humana o Divina—es porque dentro de la conciencia de ese individuo existe una fuerza desintegradora, y a través del uso del libre albedrí, ese ser voluntariamente se retira de la proximidad de aquellos otros cuya acción vibratoria está trabajando hacia la Unidad. Fue así como el hombre CAYÓ de la Gracia y NO FUE EXPULSADO por los Mensajeros de Misericordia y de Amor, quienes fueron creados por Dios para impedir que el hombre pasara por la "segunda muerte". ¡Ahora piensen en esto!

Pensemos en estas cosas con sentido común. La actividad de un Mensajero Divino consiste en emular la NATURALEZA de quien lo envía. Dios, la Presencia "YO SOY" Universal, ha dignificado Mi Persona con la oportunidad de convertirme en Príncipe de los Arcángeles, y a través de ese Cargo, redimir a Lucifer y a toda vida aprisionada, llevándolos a un estado de Armonía y Perfección sostenida a través de la Instrucción, a través de la Aplicación y a través de la Oportunidad. ¿Quiénes entre ustedes saben cuántos dentro de este salón se auto-expulsaron del Jardín del Edén?

El tipo de razonamiento (que es absurdo en extremo) que culpa a "Adán y Eva" por todas las aflicciones del mundo hoy, es contrario al buen sentido común.

ENDEREZAMIENTO DEL EJE

¡Estamos comprometidos ahora en un gran Empuje Cósmico! Desde el primero de este año, este dulce Planeta ha sido enderezado diez por ciento sobre Su eje,§ amados Míos; diez por ciento—con un mínimo de actividad cataclísmica—a través de la cooperación de los Grandes Seres que custodian el eje de la Tierra (Polaris y Magnus), mediante el control y dirección específica de Virgo, Neptuno, Aries y Helios y Vesta (quienes custodian el Elemento Fuego). Este proceso casi no fue notado excepto en la inquietud que ustedes han percibido en las condiciones mundiales y en algunas erupciones sobre la superficie de la Tierra.

Ahora, la parte que sigue de Nuestra oportunidad está dentro de los próximos ocho días, cuando la Tierra va a moverse otro diez por ciento. Amados Míos, esa Actividad en pleno está teniendo lugar dentro del ámbito de la Radiación de los Arcángeles y Sus Arcangelinas a fin de que no haya aflicción. En otras palabras, tomó desde el primero de enero hasta el veintiuno de septiembre mover la Tierra diez por ciento y en OCHO DÍAS la Ley Cósmica está permitiéndonos enderezar el eje de la Tierra... ¡otro diez por ciento! Piensen en eso cuando hagan sus *fiats* y Decretos para "mantener su Llama firme y para hacerlos y mantenerlos listos" porque no existe causa para el miedo en una corriente de vida que verdaderamente cree que DIOS ES y que mora dentro de cada corazón palpitante; aunque hay mucho miedo difundido por doquier en las mentes de los hombres en el mundo externo de la forma. ¡Yo sé! Mis veinte horas de movimiento se han convertido ahora en veintidós de cada veinticuatro.

ANATOMÍA DE LA EFLUVIA

Cuando paso por la atmósfera interna de la Tierra—a través de las conciencias etérica, mental y

§ Este enderezamiento del eje de la Tierra es el 10% de 45 grados—un proceso gradual y no alarmante.

emocional de la gente—encuentro que el tamaño de esa sustancia gris, que es la emanación de miedo a la guerra, a las bombas, a las plagas, a las epidemias, enfermedades y actividades cataclísmicas, es mayor que en cualquier momento desde antes del hundimiento de Atlántida. Nunca He visto tal 'smog' de miedo dentro de la conciencia de las personas como en la actualidad. Hemos atraído desde sistemas encima del Nuestro, a miembros adicionales del Rayo Azul y de la Hueste Angélica, para que Nos asistan en la extraordinaria tarea de transmutación de esta emanación. Ahora bien, ¿qué exactamente causa eso? Un individuo, digamos, dentro de una unidad familiar, lee, escucha o siente alguna cosa inusual, e inmediatamente desde su cuerpo físico y vehículos internos emana esta sustancia gris, la cual es recogida por la contaminación y por su familia inmediata. Luego, sale desde la familia hacia la ciudad, fluyendo desde la ciudad hacia la campiña, y de allí al estado o nación. Debido a los inventos mecánicos que capacitan actualmente a la humanidad para comunicarse con toda la población de la Tierra en cuestión de segundos, las buenas (o malas) noticias viajan muy rápido.

Así es como esta sustancia gris es arrojada. La gente realmente vive dentro de ésta, y Nosotros pasamos gran parte de Nuestro tiempo revoloteando sobre los vehículos internos de la gente en un esfuerzo por sacar esa sustancia. Es pegajosa y difícil de liberar aún de las manos de quienes nunca han encarnado. Es extremadamente renuente a soltarse. Sin embargo, Nosotros hacemos eso y lo repetimos una y otra vez en estas veintidós horas, desenvolviéndonos en estas Actividades en las cuales Estamos comprometidos ahora. Los Ángeles del Fuego Violeta y los Ángeles de las Legiones de la Pureza están asistiéndonos para cambiar la cualidad de esa energía. Mientras que los cuerpos duermen, cuando quiera que sea posible, las Guardianas Silenciosas de las localidades traen los individuos a Nuestro Retiro en Banff, y si ellos no están lo suficientemente evolucionados como para entrar al Templo en sí, al menos obtienen la Radiación de Fe en Dios en sus cuerpos etéricos mientras permanecen en los jardines exteriores. Luego, los hogares se limpian y se purifican las familias, las ciudades, las aldeas, los condados, los estados y las naciones antes que la gente despierte en la mañana. Esa es una tarea de veinticuatro horas para los Colaboradores Celestiales porque algunas personas, en algún lugar, están despiertas a medida que la Tierra gira sobre Su eje.

CONTAGIO DEL MIEDO

¡Recuerden el poder contagioso del miedo! Pueden pensar que son inmunes al miedo, pero ustedes no han sentido la presión de la masa de una nación entera en aflicción—de un Planeta entero siendo sometido a un cambio. ***Los exhorto con Amor a hacer sus Llamados a la Presencia "YO SOY" Infinita para que haga resplandecer a través de ustedes todo Poder y Actividad de Purificación para extraer de ustedes toda causa y núcleo de miedo (conocido y desconocido conocido) en su ser.*** Comprendan, Mis amados, que muchos de ustedes se hundieron con Atlántida; muchos de ustedes han sufrido serias perturbaciones y muertes violentas a manos de los elementos en diversas vidas. Estos *records* etéricos están profundamente incrustados. De allí que a algunas personas no les guste el mar; de que a algunas personas no les guste el sonido del viento; de que a algunas personas no les guste el sentir de la tierra bajo sus pies; y de que algunas personas se asusten del fuego. Es debido a que en alguna encarnación pasada, ha habido una experiencia que pareció, en el momento, una tragedia para el ser externo; y ese miedo es inherente en su ser hasta que podamos despojarlos con la base sólida de su Santo Ser Crístico y se paren absolutamente sin recordar el contagio del miedo del mundo exterior o la conexión con el miedo a través de su talón de Aquiles de la conciencia del miedo que esté dentro de ustedes.

En este período de ocho días, el cambio del eje se realizará tan delicadamente como sea posible. Puede que haya algunos cambios leves en sus cuerpos astronómicos pero no habrá temblores violentos en su planeta Tierra. Neptuno está tratando, con todo Su Poder, de dar Su asistencia en el control del elemento agua, pero privadamente les pido que hagan una aplicación especial durante este período de ocho días, e igualmente les pido, por favor, que se mantengan armiosos durante este período aún cuando esto requiera que no hagan tanto trabajo físico como es su costumbre. **¡Su Armonía es su Protección!** ¡Ustedes son bienvenidos a toda Mi Armonía que escojan demandar!

DESCRIPCIÓN DEL TEMPLO

Ahora, en Banff, el gran anfiteatro encima del Templo fue abierto el quince de septiembre. El Templo en sí tiene cerca de cinco mil pies de circunferencia. Es circular en forma, teniendo cuatro entradas—una en cada punto cardinal del compás. No abrimos la gran puerta central a menos que tenga lugar una Actividad como la de esta noche, pero las otras tres puertas han estado abiertas desde el quince de septiembre y Hemos tenido visitaciones de diversos Seres representativos del Reino de la Naturaleza, del Reino Angélico, del Reino Humano y de los Logos Solares, todos ofreciendo Su asistencia Divina al desarrollo de la Fe en Dios que Estoy deseoso de transmitirles.

Hay cuarenta y nueve escalones que conducen hasta cualquiera de esas puertas, de manera que se requiere de una corriente de vida determinada que haga el esfuerzo de la escalada. Cuarenta y nueve escalones—si entran por cualquier puerta—no tenemos rampa ni ascensor, de manera que quienes acuden a Nosotros con un interés más bien cordial, usualmente se acurrucan sobre el césped al lado de las fuentes, o encuentran un asiento confortable y absorben la Radiación—dejando los cuarenta y nueve escalones para los pocos. Sin embargo, todos ustedes los han escalado más de una vez; y a menudo los han bajado más rápidamente de lo que los han subido. Siempre es de ese modo ¿saben, amados Míos? ¡Es más fácil bajar que subir! Pero ahora están en el camino de subida nuevamente hacia el Corazón de ese Templo que hemos sostenido a través de las eras en los Reinos Etéricos como un Foco de Fe.

A medida que caminaba hoy alrededor de los terrenos del Templo saludando a muchos de Nuestros Amigos Maestros Ascendidos y a nuestros dedicados chelas no-ascendidos, estuve pensando acerca del género humano en masa y Me preguntaba qué pensaría la humanidad si supiera acerca de las venas de oro que están focalizadas dentro de las montañas doquiera que los Retiros de los Maestros Ascendidos están localizados. ¿Por qué piensan ustedes que existen minas de diamantes en la punta de Sur África? No llegaron allí justamente por azar. Hubo una vez un gran Foco de Luz en ese continente oscuro, y los Seres Ascendidos concentraban esa Luz y la atraían hasta que entraba a la sustancia de la Tierra y se convertía en esos diamantes perfectos, para que venga ahora la humanidad a romper Su cuerpo para enriquecerse. Doquiera que los Seres Divinos están, existe siempre una corriente de Luz Cósmica y las venas de oro se encuentran profundo dentro de la Tierra, tales como en los Andes en los alrededores del Lago Titicaca e igualmente en Wyoming. Si la humanidad supiera eso, pienso que aún Nuestros Templos Etéricos serían volados por los cielos en sus esfuerzos por obtener la sustancia de Nuestra energía.

AUDIENCIA ANTE EL TRIBUNAL

La gente quiere el fruto y la cosecha espiritual sin trabajar por ellos. Ustedes podrían también entender esto para que no se desilusionen, ya que cuando la humanidad llegua al extremo de su cuerda; cuando el individuo agota todos los tipos de felicidad que la Tierra puede ofrecer y está en la desesperanza, entonces viene el llamado: "¡Oh Miguel, ayúdame!" Y Yo, Miguel, los sigo hasta algún punto astral sórdido y ejecuto el proceso de purificación—a todos los hago resplandecer de nuevo, poniéndolos en una cama en el Reino de los Durmientes si ellos están agotados, y obteniendo un Ángel para ungir sus cuerpos con el Aceite Sagrado—pidiéndole al Ángel que los despierte cuando su tiempo se acabe. Luego vengo, llevo el alma ante los Señores del Karma y le suplico a esos Grandes Seres, diciendo: *"Mis Señores, Me siento seguro que este bendito ser va a hacerlo mucho mejor en el futuro."* Luego, materialmente llevo a estos mismos individuos a los Templos de la Ascensión y les digo a ellos: *"Si entran aquí y aprenden... ¡podrán hacer su vida mucho más fácil!"* De allí, pongo un cordón de Ángeles alrededor de ese Templo para velar porque permanezcan allí—al menos por un ratito—y cuando ya no pueden soportar Su Radiación por más tiempo, se les permite regresar a la acción vibratoria más confortable de un ámbito inferior en el cual su conciencia funcione naturalmente. Les digo esto porque no quiero que sientan que Soy un EXPULSADOR. Soy justamente lo opuesto. Estoy tratando CONCIENTEMENTE, CONSTANTEMENTE y SIEMPRE, de ser los Brazos Eternos de Dios Todopoderoso para con ustedes y para con toda esta raza prolífica de millardos de intranquilos.

Recuerden que ustedes sólo tienen a los seres humanos con quienes contender. Nosotros tenemos a todos aquellos que han desencarnado y, además de eso, Yo tengo a todos SUS amigos y familiares a quienes valientemente Me ofrecí a ayudar en los Ámbitos de Luz. Sin embargo, les doy las gracias por la asociación que ha hecho posible esta oportunidad para Mí. Les digo—ha sido iluminadora e interesante en extremo, pero pienso que estos individuos están ahora llegando a tomarle mejor el gusto a Uno. Comprendan que entro serenamente a sus mundos y trato de no expresar demasiada "fiereza". Algunas veces les escucho decir: "*¡Oh, aquí viene de nuevo Miguel!*" al tiempo que voy subiendo por el sendero hacia sus pequeños hogares para tratar de persuadirlos de ir a los Templos de la Ascensión. Los escucho muy claramente decirse unos a otros: "*¡Mira quien está aquí!*" De seguro, no pongo ninguna atención a eso. Sonrío, ellos sonríen y todos nos vamos a las lecciones.

¡Pero, oh, Benditos Corazones, eso requiere de mucha PACIENCIA! La próxima vez que regreso, encuentro que ellos no están muy ansiosos de ir al Templo de la Ascensión. Piensan que "Yo soy muy agradable" y ellos están "agradecidos por Mi asistencia", pero que "preferirían esperar por Jesúcristo". De manera que de nuevo tengo que decir: "Miren, si quieren encontrarse con el amado Jesús, lo mejor que pueden hacer es ir al Templo de la Ascensión porque Jesús ha ganado la Ascensión, y si quieren ser como Él, deben aprender cómo ganar su Ascensión también". Ellos refunfuñan un poquito por esto, pero finalmente nos marchamos de nuevo al Templo de la Ascensión. Esto ocurre todo el tiempo. Esa es la razón por la cual He incrementado Mi Servicio a veintidós horas. ¡Ustedes piensan fuera de aquí que si dedican unas pocas horas algunas veces a la semana, a prestar un servicio, son nobles! ¡Deberían verme! Me dije a Mí Mismo la semana pasada: ¡Pienso que tengo que hacer una nueva Espada! Realmente está casi plana ahora, en vez de estar resplandeciendo. La miré y dije: "¡Miguel, es el momento que hagas algo por esa Espada!" Así que cuando Me vean después, espero no tener que persuadirlos; que estarán dispuestos a escalar esos cuarenta y nueve escalones.

VERDADERO PASTOR

Pienso que les gustará Mi Espada de Llama Azul. Amados Míos, nunca les mantendré Conmigo ni un instante más del tiempo que sus energías quieran permanecer, porque un verdadero pastor mantiene su rebaño a través del Amor. Ese Pastor se manifestó en la vida de Jesús de manera muy hermosa. Igual ocurre con cualquier expresión verdadera de la Deidad; cuando sientan el Amor y Confort que está dentro de ese Amor, querrán permanecer en Él, porque es un Alivio y Liberación de la aflicción.

Tal cual se les ha dicho, el gran Altar en el Templo está hecho de hermosos zafiros y diamantes. En el centro está la Gran Llama de la Fe Cósmica en Dios, la cual se ha estado expandiendo hacia afuera hacia la atmósfera desde el 15 de septiembre, y es Nuestro esfuerzo esta noche (considerando que tenemos como Nuestro invitado al Poderoso Hércules, quien ha quedado encargado de la Llama ahora que Me estoy dirigiendo a ustedes) estimular la Fe de Dios en sus corazones, y luego estimular su Fe en su propio latido del Corazón. De esa manera seremos capaces de realizar un Servicio mayor a medida que los Ángeles y hombres lleguen a caminar y hablar juntos como lo hicieron en épocas antiguas. Esa es la Actividad de la Nueva Era; es la Actividad del Séptimo Rayo; es la Actividad de la Edad Dorada en que los Ángeles y hombres caminarán y consultarán juntos y servirán juntos ¡EN UN GRAN EMPEÑO!

LÍNEA DE VIDA

Ahora, Mis amados, la Fe está activa en cada Corazón humano porque la Fe es una parte de la Actividad Triple de la Deidad que está DENTRO de cada individualización —ya sea que esté encarnada o no. No existe tal cosa como la Fe sin obras, pero las obras están determinadas por AQUELLO EN LO CUAL TIENEN FE. Si sienten dentro de sí una conciencia de frustración y falla, no es porque no tengan Fe, *ya que no existe corriente de vida perteneciente a este universo que no tenga Fe como parte integral de la Llama Triple dentro del Corazón,* sino porque su Fe, a través del libre albedrío, ha estado anclada en algo de naturaleza destructiva —y las obras están allí como *karma* destructivo en vez de estar como manifestación constructiva. La Fe siempre produce una cosecha de Rayos de Sol o de lágrimas, así que les ruego en el Nombre de Dios, que traten de darse cuenta de que la Fe en su propia Presencia "YO SOY", en los Seres Cósmicos y en los Maestros Ascendidos es una LÍNEA DE VIDA hacia dentro de Sus Presencias que trae de vuelta una corriente de energía al interior de sus mundos emocional, mental, etérico y físico además de hacia su conciencia externa que, de sostenerse, traerá las obras, los frutos y las cosechas de Felicidad.

ANCLAJE DE LA FE

En los últimos días de Atlántida, la gente perdió la Fe en la verdadera Orden Blanca, y en los sacerdotes y sacerdotisas de los Templos porque no parecían tener una expresión manifiesta de las profecías. De hecho, fue allí y entonces que la gente perdió la Fe en el Poder Blanco de Dios, y eso cortó el anclaje del Continente Atlante para que se hundiera debajo de las olas. Fue una actividad similar la que causó el hundimiento de Lemuria cuando los sacerdotes, las sacerdotisas y Yo trabajamos y servimos entre ustedes durante cien años, a fin de prestar la asistencia necesaria para impedir ese contagio. Aún los sacerdotes y sacerdotisas, después de esos cien años, comenzaron a perder la Fe en la Supremacía del Todopoderoso; y así fue que ellos no lograron la tarea magnificente al hundirse cantando en vez de erguirse victoriosos. ¿Por qué? Pues, porque su Fe estuvo anclada en las apariencias; su Fe estuvo anclada en el miedo; su Fe no estuvo encerrada en el Corazón del Dios Todopoderoso y en aquellos Mensajeros Divinos que lo representaban. ¡Hagan un inventario de su Fe! ¿Dónde está? ¿Dónde está en una emergencia? Hacen rápidamente un inventario de sus manos y sus pies, así como de su persona, de sus vestidos, de su cartera, de su automóvil y de las cosas en su hogar cuando hay cualquier sugestión de dificultad. Olviden la cartera y las posesiones por un momento, y pongan lo primero DE PRIMERO. Cuando surja lo inesperado, aquiétense y digan: ***"¿Dónde está anclada mi fe?"*** Si hacen esto, anclarán su fe en Dios y en los Seres Divinos, y les aseguro que no perderán su cartera; serán mas fuertes de alma y de Espíritu, y no sólo capaces de sostener y proteger sus propias posesiones, sino de prestar ese servicio para una ciudad, una nación, o un planeta.

Tenemos cerca de cincuenta mil invitados reunidos aquí esta noche. Cerramos el Templo temprano esta mañana, y estos hermosos Invitados (todos excepto Hércules y Amazona quienes se encuentran dentro del Templo) están sentados en los jardines frente al Templo. Tenemos bancos circulares de mármol, y Ellos están observando el movimiento de la Llama de la Fe en Dios a medida que se expande. Me sorprenderá mucho que no vean en sus periódicos alguna referencia a la aurora boreal debido al extraordinario reflejo desde el Templo a través del Ámbito Etérico hacia la atmósfera inferior esta noche.[¶]

FE ELEMENTAL

El amado Hércules y la Santa Amazona dentro del Corazón del Templo, han estado construyendo sobre la Llama de la Fe, basándose en la Fuerza que es suya como Constructores Herculeanos. Hemos cerrado las otras puertas para que la puerta central, que es de cuarenta pies de altura, esté abierta; y hemos hecho arreglos para la procesión encabezada por el amado

[¶] Los periódicos incluyeron reportes del despliegue de la aurora boreal que se vio tan lejos al sur como la Isla de Cuba por primera vez en la historia.

Gautama y el nuevo Buddha (su amigo el Señor Maitreya) seguido por los amados Jesús y Kuthumi como los nuevos Instructores Mundiales, Nuestro amado MaháChohán y Sus Siete Chohanes. Detrás de Ellos caminan Sus chelas, luego los Grandes Seres que representan los Elementos—a quienes ustedes, gente de la Tierra, tánto deben. Si estuvieran conscientes de la fuerza en la Mano de Neptuno, y de la vigilancia con la cual Él sostiene esos mares, estarían de rodillas ante ese Ser. También tenemos los representantes de los Elementos y detrás de Ellos, a los Elementales. Algunos de los pequeños Elementales que He contactado desde el quince del mes, los encontré llorosos. Estaban afligidos y habían perdido su Fe debido a que habían hecho alguna pequeña flor o vegetal que la sequía de la Tierra había secado totalmente; su cosecha no resultó buena, y Ellos estaban justamente sentándose sobre las pequeñas hojas de grama, llorando. Fui a donde estaban y les pregunté cuál era el problema y Ellos dijeron: *"Es que teníamos una cosecha tan hermosa para la Tierra, y con la sequía nuestra cosecha no maduró... ¡y hemos regresado aquí porque necesitamos Fe!"* Así que los llevé al Templo (puedo llevar quizás a cincuenta en un brazo) y les hablé durante un ratito. Ellos son compañeros pequeños muy alegres, ¿saben?, y en pocos momentos se animaron de nuevo y todos volaron alrededor del Templo, regresando luego a Su propio Templo de Luz para esperar reasignaciones.

Ustedes no tienen un concepto de cuán perturbados pueden estar los Elementales cuando se les envía a una tarea y las condiciones de la Tierra son tales que no pueden cumplirla —trátese meramente de confeccionar una habichuela, una mazorca de maíz o una flor. Es el hermoso Espíritu de Otoño quien pinta las hojas sobre sus árboles con colores radiantes, y esos Seres se sienten desilusionados cuando la atmósfera de la Tierra es tal que no pueden llevar a cabo esa magnífica exhibición que tratan de hacer por la Belleza de la Vida. Todos vienen tan perturbados como fatigados vienen ustedes, así que vamos al Templo de Hércules y Amazona donde tratamos de encenderles otra vez con Entusiasmo y Ánimo en un esfuerzo por re-establecer sus agotadas energías. ¡Tal es Nuestra oportunidad aquí esta noche! Vengo de último en la gran procesión esta noche porque es Mi entrenamiento como astor velar porque todo el mundo esté adentro antes de hacer Mi entrada y de que la gran puerta sea cerrada. Hércules y Amazona están presidiendo por el momento, y como ahora es el momento de Nuestro Ejercicio de Respiración, tendré que unirme a los Arcángeles. Por si acaso les interesa, estoy vistiendo de blanco de pies a cabeza esta noche—una túnica blanca sencilla con un cinturón de zafiros azules y ningún otro adorno. Tenía una hermosa capa azul eléctrico temprano en el día, pero la cantidad de entrevistas que tuve que atender fue tan tal, que en algún lugar a lo largo de la línea desapareció la capa—lo cual responde a la simplicidad de Mi atavío.

Vengan ahora, Mis amados, entren al Corazón del Templo de la Fe, y traten de generar un poco de Fe en el Dios que los hizo a ustedes; el Dios que los sostiene; el Dios que los ha alimentado; el Dios que los ha vestido; el Dios que los ha protegido dentro y fuera de la encarnación; que ha descorrido el velo de *maya* y permitido a los Seres Cósmicos y a los Maestros Ascendidos hablarles cara a cara. En el Nombre de Jesucristo, tengan Fe en cuanto a que un Dios que es el mismísimo amor los sostendrá en los días y años futuros, tal cual lo Ha hecho a través de eras pasadas. Buena noches; y Dios los bendice.

12

PURIFICACIÓN DEL CUERPO ETÉRICO

por el Arcángel Miguel
(tomado del *Diario de El Puente*, Julio de 1959)

¿Puedo hablarles sólo por un momento acerca del cuerpo etérico? El cuerpo etérico, Mis amados, es como un espejo. Graba instantáneamente los pensamientos y sentimientos, las acciones de las palabras habladas dentro de su propio ser. Imita lo que ustedes hacen, aquello sobre lo cual su atención descansa, y lo refleja también.

El cuerpo etérico de la humanidad ha sido tan amedrentado, tan mutilado, tan profundamente desfigurado por medio de las experiencias humanas de la vida, que presenta en gran medida una aspecto lamentable. Es lo que ustedes en la vida terrena denominarían algo semcjante a la "viruela". Estas vestiduras llevan las cicatrices de todas las decepciones y desilusiones; las heridas todas las experiencias en las que la humanidad ha destruido la fe, la confianza y la seguridad.

Estas experiencias incrustadas en el cuerpo etérico parecen descansar tranquilamente. Así como su carne corrige una cortadura o una herida, así mismo se comportan la inteligencia y la luz dentro del cuerpo etérico, y tejen sobre las cicatrices y heridas una semblanza similar a un tejido reparado. PERO bajo la tensión de un esfuerzo o tirantez, esas experiencias internas y debilidades tienden a reventarlas nuevamente, renovando los odios y los antagonismos, y Mi consejo para ustedes es que se ocupen seriamente de purificar esas vestiduras etéricas, haciéndolas tan brillantes, como una vez fueron, blancas, puras y exquisitas, cuando las recibieron en el principio y comenzaron a grabar a través de la causa y efecto las experiencias de la vida dentro de ellas.

Con lo que los seres humanos se hacen unos a otros al crear esas profundas heridas, el cuerpo etérico es mucho más desafortunado que las distorsiones causadas a la forma física, ya que cuando el cuerpo es puesto a descansar, la carne inocente es devuelta a la sustancia elemental y la herida no permanece. La vestidura etérica se mueve con el hombre desde su primera encarnación hasta que es absorbida en el momento de la transmutación, en el instante de la Ascensión.

De manera que miren bien, amados Corazones, las impresiones que se hacen entre sí sobre sus vestiduras etéricas, y estén bien pendientes de que esas energías sean purificadas por ustedes mismos.

Les hablo desde un Corazón que está lleno de Amor por ustedes. Les hablo en el nombre del Reino Angélico y Mis amados Hermanos, la Gran Hueste Ascendida de Luz que representa los Siete Sentimientos Cósmicos de la Naturaleza de Dios.

Me gustaría recordarles que el primer pecado, el pecado original que sacó a los Ángeles del Cielo, a la humanidad del Jardín del Edén y a los Elementales de Su Belleza fue ***LA REBELIÓN CONTRA LA VOLUNTAD DE DIOS*!** Estarán profundamente pendientes de sus corazones, y allí donde la rebelión se encienda, sepan que es parte del pecado original que los trajo a un planeta ensombrecido. ¡Yo los ayudaré a eliminarla!

El amado Serapis está esforzándose en traer al

mundo de las apariencias físicas ciertas melodías que ayudarán a establecer en los planos internos la remoción de esas semillas de rebelión que están asentadas en lo profundo del mundo de sentimientos, lo que causa que el hombre no se convierta en un Dios, que el hombre no se manifieste como los Ángeles hasta que la rebelión sea transmutada dentro de la gran rendición a Dios y amor por los hermanos humanos.

13

VIVIMOS SÓLO PARA SERVIR

por el Arcángel Miguel
(Tomado de *Dictations*)

A ustedes, que están reunidos aquí con sinceridad, esperanza y fe, les traigo saludos, gratitud y bendiciones de parte de la Hueste Angélica y de Aquellos de Nosotros que vivimos sólo para servir y proteger la Vida.

Se Me ha llamado el "Defensor de la Fe" y Me he esforzado, a través de mi largo peregrinaje sobre cada Planeta que pertenece a este Sistema Solar del cual Su Sol físico es el Corazón, en proteger y sostener la Fe dentro de los corazones de hombres, mujeres y niños, hasta que sus propias Llamas del Corazón, se eleven dentro de sí y descorran el velo humano, permitiéndoles percibir así la Gloria de las Esferas Internas que giran siempre a su alrededor, interpenetrando la sordidez de su diaria existencia externa.

Quisiera que pudieran escuchar la Gloriosa Música de las Esferas, y los Himnos de los Coros Celestiales, los cuales no están distantes sino que fluyen a través de la misma atmósfera en la cual ustedes viven y tienen su ser, requiriendo sólo un afinamiento y elevación de la acción vibratoria de sus conciencias para hacerlos concientes [aware] de Su inminencia.

Ven raro que Yo venga a ustedes, cuando, durante incontables centurias He tenido el privilegio, el gozo y el honor —al concluir su estadía en la Tierra— de recibirlos dentro de Mi Presencia Personal y escoltarlos, a cada uno, a los Grandes Salones del Karma. Allí He permanecido a su lado mientras su *record* de Vida era leído, y mientras que esos Grandes Impersonales y Desapasionados Jueces decidían en Amabilidad y Misericordia, la particular Esfera en la cual ustedes, por razón de sus esfuerzos en la Vida, tenían que adecuarse para habitar.

PLANIFICACIÓN CÓSMICA

Somos viejos amigos del Corazón, Mis amados, y no hace muchas centurias —contando el tiempo según su registro— que ustedes Me conocían tan bien como se conocen entre sí, y compartimos el contacto de conciencia y comunión unos con otros. Recuerdo como si fuera ayer la exquisita Ceremonia Cósmica en la cual a los amados Helios y Vesta se les dio la oportunidad y la responsabilidad de convertirse en Sol de nuestro Sistema. Recuerdo bien la venida de los Siete Grandes Constructores de la Forma, cada uno en Sus vestiduras representativas de Su función particular. También recuerdo cómo Yo vine con los otros Seis Arcángeles, y cómo fuimos tuvimos el privilegio de sentarnos con Helios y Vesta y conferenciar sobre la creación y sostenimiento de un Sistema Solar.

En aquel tiempo, Ellos, en calidad de Padres de la raza, Nos mostraron sobre la Pantalla Cósmica los planetas que habían decidido exteriorizar de la sustancia de Sus Propios Cuerpos de Luz donde acunar a los miembros de la raza, por quienes habían solicitado al Sol de todo el sistema, y quienes estaban destinados a convertirse en Seres Perfectos.

Cada planeta tenía que ser creado para la particular cantidad de corrientes de vida a quienes los Padres-Dioses habían decidido darles la oportunidad de una evolución planetaria en el curso de un Día de Brahma; el tamaño del planeta, el contorno de su superficie que correspondiera siempre con la particular evolución que estaba dentro de la mente del Padre y la Madre del grupo de Inteligencias Divinas evolucionantes.

CREACIÓN PLANETARIA

Luego, en una magnífica ceremonia, a cada uno de los Elohim se le dio el Patrón del planeta del cual iba a ser la Presencia Guardiana—y de la Sustancia de Su Propio Cuerpo de Luz (actuando desde el Aspecto Divino de las facetas masculina y femenina de Su propia Divinidad), dirigió Sus poderosos rayos convexos de Luz —los cuales Saint Germain ha descrito tan hermosamente— para formar una cuna dentro de la cual la Substancia-Luz Universal pudiera ser atraída mediante el Poder Magnético de Su Propio Amor.

Nosotros, que representábamos el Poder Protector de cada planeta sucesivo, Vinimos entonces adelante y los Siete permanecimos al cuidado de la raza hasta que la tarde del Primer Día de Brahma fue consumada, y esa evolución retornó en pleno Dominio Divino al Corazón de los Padres-Dioses.

Sin embargo, es triste decir que hubo algunos que fueron incapaces de completar la Aplicación individual para lograr el grado, y fue necesario que fueran traspasados al siguiente Planeta cuando estuvo listo para ser habitado. Estas almas fueron luego llevadas dentro del Aura de los Arcángeles y unidas con los nuevos egos espirituales, quienes tuvieron que cumplir sus destinos a través de encarnaciones sobre el segundo Planeta de Nuestro Sistema; y así llegamos finalmente a la preparación de la amada Tierra, tal como los amados ElMorya y Saint Germain escogieron llamarla, la cual fue originalmente diseñada para una cantidad comparativamente pequeña de corrientes de vida, y ***sin embargo, asimió sobre sí el residuo de todos los planetas precedentes del Sistema, así como también a los nuevos egos que debían tener su primera encarnación en forma física sobre Ella.***

Recuerdo la Presencia Majestuosa de Virgo, la Flameante Presencia de Aries y la Calmada Serenidad de Neptuno, al tiempo que se erguían delante de los Grandes Elohim Cósmicos y aceptaban tanto la oportunidad como la responsabilidad de atraer la sustancia elemental de sus Reinos específicos dentro de la Matriz de Luz Electrónica conformada por los Elohim con los Rayos de Sus Propios Corazones.

Recuerdo bien la invocación de cada uno de estos tres Grandes Seres, quienes atrajeron alrededor de Sí a los Devas de la Naturaleza, a los Constructores de la Forma y los pequeños Elementales que representaban Sus Reinos; y recuerdo la Gran Bendición al tiempo que cada uno de estos seres pertenecientes a los diferentes Reinos se arrodillaba ante sus Superiores y agradecidamente aceptaba el aprisionamiento voluntario que iba requerirse a fin conformar un hogar habitable para los vehículos de los nuevos espíritus inocentes que iban a encarnar, *así como para los miembros recalcitrantes de los planetas precedentes de Nuestro Sistema Solar—pero no para los "rezagados" de los Sistemas arriba de Nosotros.*

Ustedes hablan de la Tierra ociosamente en algunas ocasiones, Mis amados, pero si hubieran podido ver los æones y la incorporación de las energías de mente, corazón y espíritu de estos Grandes y Maravillosos Seres antes de que pudieran avisar al Sol que la Tierra estaba lista para ser habitada, ustedes besarían cada hoja de grama, cada árbol que los resguarda y cada tipo individual de alimento provisto para los cuerpos físicos de aquéllos a quienes se les dio la oportunidad de evolucionar.

CORRIENTES ORIGINALES

Puede que no todos sepan que Yo fui escogido para traer a Nuestra Tierra el grupo original de las corrientes de vida que encarnaron por primera vez sobre el Planeta. Este grupo fue pre-ordenado y escogido, y había sido preparado en las Siete Esferas Internas para esta oportunidad. Ellos, de por sí, no sobrepoblaban la Tierra, y el progreso y evolución de su desarrollo planetario hubiera sido comparativamente sencillo, de no haber sido por sobrecarga tras sobrecarga de almas desde los Planetas precedentes, quienes habían fracasado en lograr la victoria de la inmortalidad y fueron transferidos aquí, tomando habitación entre los miembros de esta evolución, hasta que el peso del mal uso de la energía de vida fue tal que contaminó la inocencia de los nuevos seres espirituales nacidos en la hermosa Tierra.

Fue entonces que el amado Arcángel Rafael pidió voluntarios de otros Sistemas y otras estrellas para contra-balancear la energía destructiva del exceso de población, de modo que la Tierra no fuera puesta fuera de balance sobre Su eje y disuelta en la nada. Estos voluntarios vinieron—entre ellos, el Gran Señor del Mundo, Sanat Kumara, y muchos grandes Amigos desde Venus, así como de otros Sistemas, escogiendo asumir cuerpos de carne, compartir el mismo *karma,* y vivir y respirar bajo la presión de la atmósfera de creación humana.

En las primeras edades tempranas, todas las corrientes de vida que encarnaron fueron capaces de regresar *a Casa*, ya que la Misericordia de la Vida fue tal que a la Nueva y Pura Tierra no se le permitió ser anfitriona de los miembros recalcitrantes de otros planetas hasta la mitad de la Era Lemuriana; de manera que pueden ver que, de por sí, los hijos naturales de la Tierra no estaban entre los mayores problemas que tuvimos que enfrentar, particularmente aquellos de Nosotros que habíamos renunciado a la felicidad de los Ámbitos Superiores y del gozo del Nirvana para habitar en las sombras.

EXPERIENCIA MÁS INFELIZ

Nos ha tocado presenciar mucho a lo largo del curso de la historia, no sólo de la Tierra, sino de otras estrellas también, pero considero que la experiencia más infeliz en la cual Yo, personalmente alguna vez He estado involucrado, fue presenciar la contaminación de las conciencias de los habitantes originales de la Tierra a través de sugestión y la radiación, hasta que la niebla o el velo de la creación humana empezó a crecer—primero como una nube, una efluvia que podía ser disipada por un viento fuerte. Pero viendo que esto crecía, supimos que a menos que se le detuviera, sería cuestión de tiempo antes de que una barrera infranqueable fuera creada por los hijos de los hombres, la cual sólo podríamos penetrar con gran dificultad.

Llegó entonces el día en que al Sol Espiritual y a los Grandes Maestros de Sabiduría, los Grandes Elohim y Arcángeles se les podía oír pero ya no se les podía ver —por aquéllos que se rehusaron a sucumbir a la bruma circundante y a la presión atmosférica de aquellos días convirtiéndose en Nuestra línea de Vida a través de quienes podíamos llegar, de tiempo en tiempo; corrientes de vida sensibles que pudieron sentir la realidad de Nuestra Presencia y recordar dentro de sus Corazones aquellas primeras edades.

DISOLUCIÓN DEL MAYA

Fue en esta época que escogí renunciar a la Actividad natural de los Arcángeles para entrar a lo que ustedes conocen como el ámbito síquico o astral. Aquí, He pasado la plena y mayor parte de Mi Vida, centuria tras centuria, edad tras edad, æón tras æón—en un esfuerzo por desenredar a las corrientes de vida después de la llamada muerte, preparándolas para entrar a los Salones del Karma, y recibir por Ley Cósmica una nueva oportunidad para controlar las facetas de conciencia, la cual como molino de sal de los antiguos y bellos cuentos, continuaba emanando *maya* ilimitadamente, sumándose de ese modo al velo entre lo humano y lo Divino.

Estamos constantemente consumiendo, cortando, disolviendo y removiendo la efluvia de la creación humana— y aún más triste, la efluvia desde la conciencia del cuerpo de los estudiantes, que, conociendo al menos intelectualmente el poder de las creaciones que yacen dentro de la conciencia, continúan tejiendo el caparazón que los encierra impidiendo que perciban Nuestras palabras con sus propios oídos, Nuestra Presencia con su propia visión, nuestra fragancia por sus narices, y Nuestra Paz en sus corazones. Hasta que podamos llegar —y de alguna manera incorporar la asistencia de las corrientes de vida encarnadas, al menos las de aquellos Seres Guardianes que escogieron voluntariamente venir y traer la Luz a la oscura conciencia del hombre—Nuestra tarea parece de veras tanto interminable como desagradecida. No voy a describirles las condiciones de los ámbitos invisibles dentro de las cuales ustedes moran, cuando la acción vibratoria de sus corrientes de vida vibra al unísono con su disonancia. Hay tanta de esa sustancia y energía que es atraída al cuerpo cuando las vibraciones negativas son aceptadas y hechas parte de sus mundos, que literalmente Nos lleva meses deshacer el resultado de una de tales digresiones.

Estoy deseoso de encontrar aquéllos entre ustedes que escojan agarrar los centros de pensamiento y sentimiento dentro de la conciencia y—con mano firme, una mente clara, una ideación concentrada y un Amor Divino—comiencen a generar vibraciones semejantes a las de Nosotros que servimos desde detrás del velo humano, para la disolución de los centros causativos los cuales alimentan estas mortajas en las cuales la Tierra gime en Su agonía de muerte.

En este reino de desencarnados hay corrientes de

vida que están tan atadas a la Tierra mediante pensamientos, sentimientos y pasiones—debido a afectos y devociones—que sería imposible inmiscuirse en su libre albedrío y sacarlas del infierno de su propia creación, sino fuera por el amor impersonal de corrientes de vida encarnadas y no-ascendidas que escogen, por cuenta propia, orar por los llamados muertos. Esa energía ascendente es asumida por la Hueste Angélica bajo Mi dirección, y utilizada para cortar la fuerza magnética y el tirón de la Tierra, evitando así que estas corrientes de vida se sumen a la efluvia que ese herencia de la raza.

VIDA CORTA

A veces ustedes hablan a la ligera acerca de la presión de la masa de cincuenta o setenticinco kilogramos por metro cuadrado sobre los cuerpos que utilizan, pero déjenme decirles que es un milagro que ustedes puedan sostener sus cabezas en alto y aún amar la Luz, considerando todo lo que los rodea. ***Si no fuera por la Presencia Personal de la Hueste Angélica—que, en respuesta al llamado del Corazón del Guardián Silencioso, se encarga de asegurar la cooperación de los espíritus encarnados y los Seres Angélicos cuya principal ocupación es crear y sostener un dosel de Su Propia Luz y Amor alrededor de ustedes, creando un ambiente celestial— ustedes en verdad no vivirían más de doce años.*** ¡Pero eso no es suficiente!

Ustedes tienen dentro del compás de su conciencia y comprensión, lo que se exterioriza en la sustancia y energía de sus propios mundos como un velo real y como su falta de Memoria Divina, Visión y Audición Interna, Perfecta Salud y Riqueza de Fondos—todos los cuales son suyos por derecho de conciencia para disfrutarlos. Esto constituye prueba de que no han cesado de generar su velo individual, sin mencionar lo de convertirse en un poder disolvente y purificador para las masas.

Veintidós horas de veinticuatro, de acuerdo a su limitado concepto del tiempo, Las paso dentro del ámbito síquico, respondiendo a los Llamados que se elevan desde el corazón de la gente, del corazón de amigos, de parientes, de aquéllos que saben algo acerca de las condiciones de la vida después de la muerte, o en raras instancias, respondiendo al llamado del corazón de un alma que está conciente *[aware]* de la existencia del cascarón que lo envuelve. A estos Yo los libero más tarde de sus condiciones discordantes, y dentro de Mis Propios brazos, en la flameante Gloria de Mi propia Luz, los llevo directamente a los Salones del Karm—y de allí, a los salones de clase donde puedan aprender la Ley que gobierna sus vidas. Es triste contarles, sin embargo, que la acumulación masiva de la raza, la herencia familiar y la pesadez del alma son tales, que desepués de reencarnar estas corrientes de vida, escasamente llegan a la edad de cuatro meses antes de comenzar a tejer de nuevo la misma sustancia por la que He dado Mi vida para purificación.

¿No consideran ustedes que esto requiere paciencia? He servido en el antiguo continente de Mu y en todos los planetas que precedieron a la evolución de la Tierra, y continuaré prestando este Servicio hasta que los siete Planetas de Nuestro Sistema sean libres. Me gustaría convencerlos de su poder, individualmente, para que cesen de ser centros generadores de discordia, para que sean más bien un constante poder invocativo del Fuego Sagrado. Me gustaría enrolar su amistad y la ayuda que Me puedan prestar en la preparación de esas corrientes de vida en el ámbito astral que han despertado hasta el punto haber solicitado reencarnar.

FOCOS DE FUEGO SAGRADO

El amado Saint Germain les ha dicho que Él se está preparando para establecer Templos de Fuego Violeta de Amor Liberador en la atmósfera inferior

DENTRO DEL REINO ASTRAL,[¶] ***Y LES PEDIMOS QUE HAGAN EL LLAMADO A LA LEY CÓSMICA PIDIENDO QUE TODAS LAS ALMAS QUE ABANDONEN EL CUERPO SEAN LLEVADAS INMEDIATAMENTE A UNO DE ESOS TEMPLOS*** y que no sean relegadas ya más al ámbito de los durmientes—para que no tejan más de su propia conciencia una autohipnosis que ellos llaman "cielo" o "infierno", sino que sean concientemente preparadas por Maestros y les sea dado una comprensión de la Ley.

Ustedes no comprenden, Mis amados Corazones, qué es lo que el establecimiento de esos Templos en la atmósfera inferior hará por la raza humana encarnada, por la Vida de la mayoría de ustedes, dentro del ámbito síquico y astral, el cual se extiende, de acuerdo a su medida, hasta un nivel de tres mil metros, y cuando la purificación de este ámbito tenga lugar, debido al establecimiento y mantenimiento de estos Focos de Fuego Sagrado, ustedes encontrarán que la gran presión que está sobre los corazones de aquellos de ustedes que quieren hacer el bien disminuirá tremendamente, y encontrarán que el deseo de hacer el bien será la presión predominante sobre el mundo de sentimientos de la gente.

Hasta ahora, no hemos podido discutir libremente Nuestros Planes para incorporar la cooperación de seres no-ascendidos, porque la Ley Cósmica no había girado a este punto— no Teníamos un medio adecuado para alcanzar sus mentes externas. Pero ahora que lo tenemos, vamos a tomar la oportunidad para familiarizarlos con el servicio con que estamos comprometidos, con la esperanza de que entre ustedes haya quizás alguien que esté dispuesto a unírsenos en estos empeños.

TAREA JUBILOSA

Yo no estoy en total libertad para pasar mucho tiempo en los Salones del Karma, pero siempre hay allí

[¶] Nota del Traductor: estos Templos ya fueron establecidos y podemos pedir que durante las horas de sueño, se nos permita servir allí.

al menos dos de los miembros de Mi Corte Espiritual particular, y He pedido que puedan ser siete. Éstos no sólo ayudarán a que las corrientes de vida que están pasando por el cambio llamado muerte sean llevadas ***instantáneamente*** ante el Tribunal Kármico, sino que pueden ser necesitados y gozosamente cooperan en llevar a estos individuos, después del juicio, a los salones de clase de la Luz. Esta es una interesante y jubilosa tarea y la cooperación, el Amor y la ayuda de ustedes lo hará más fácil.

Les agradezco la oportunidad que Me han proporcionado de hablarles. Tengo que esforzarme por temperar el Poder de las energías de Mi Vida hasta el punto de no ser causa de aflicción en la radiación de sus mundos internos, y espero que recordarán a su Amigo, quien los ha buscado a ustedes que aún se encuentran en la forma humana, para que lo representen. Espero sus Llamados y estoy siempre listo para servir, no solamente a aquéllos que yacen postrados después que el cordón de plata es cortado, sino aquéllos que viven, respiran y se mueven alrededor, y que son parte del campo del *maya* durante su somnolencia. No toma más que un instante hacer tal Llamado, y sus resultados son permanentes. *(Decretos para tal Propósito aparecen en la Sección final de este libro)*

Anhelo que llegue el día en que podamos pararnos otra vez en medio de ustedes, darles el placer pasado de ver Nuestro semblante, y al menos convencerlos mediante la ayuda de su propia conciencia, de Nuestra Realidad y lo que podemos hacer. Esta es Mi Dispensación la cual presentaré al Concejo en junio.

Tengo la esperanza de que ustedes Me recuerden como un Ser práctico—ese es el punto que vamos a enfatizar en estas conversaciones amistosas e informales, hasta que estemos lo suficientemente cerca y puedan saber dentro de sí que no somos fantasmas efímeros, sino que somos Seres Inteligentes, conscientes, pensantes y sensibles, que controlamos la Conciencia, que atraemos y moldeamos sustancia y energía, y que la dirigimos. Trabajamos con lo que tenemos a mano, y solicitamos al Dios del Poder que Nos hizo a todos, Dispensaciones sobre el mérito de las corrientes de vida que van a ser beneficiadas.

PROCESO DE LIBERACIÓN FINAL

Todos estamos trabajando con Amor bajo la Ley hacia un fin definido, el cual no consiste en adelantar la evolución personal de ninguna corriente de vida en particular, sino para liberar a ***TODA*** la humanidad, permitir que una cantidad mayor reencarne, enseñarles bien, de modo que cuando el MahaChohan tome el último aliento de sus fosas nasales, ponga Sus Manos sobre sus cabezas, sellando sus sentidos de manera que la energía ya no pueda fluir a través de estos, y luego los traiga a través del velo dentro del Más Allá—Yo pueda estar entre los privilegiados para decir, *"Vengo a conducirlos a los Salones del Karma, ante los Grandes Señores del Karma, donde recibirán su Corona Victoriosa, lo cual significa que ya no van a salir más."*

Esas son las "Nuevas de Gran Júbilo" que traen confort al alma—el día que oigan que esas palabras sean pronunciadas y su Libro de Registro muestre un balance de energía suficiente para cerrarlo, sellarlo y echar llave al diario de su peregrinaje; cuando lo presenten ante el MaháChohán, quien lo recibirá alegremente, colocándolo en la Biblioteca Cósmica dentro de la cual están almacenadas las experiencias de vida de toda corriente de vida. ¡Ah, ese será verdaderamente un día feliz!

La biblioteca del MaháChohán, que contiene el registro Terreno ***final*** de todo Ser Ascendido, es pura y blanca como la nieve—techo, paredes, tapetes, alfombras, muebles. Y desde el suelo hasta el techo verán los libros de los cuales el mundo ortodoxo tomó la idea de "el libro del juicio." Esos libros contienen dentro de sus registros las experiencias de vida de cada uno de ellos, de los cuales la Misericordia de Dios, a través de la Corte Personal de Kwan Yin, ha extraído todo registro de aflicción, dejando únicamente lo bueno.

Cuando la Victoria final es alcanza, el ser que recibe la Ascensión firma su Nombre Interno al cierre del capítulo final, el MaháChohán firma Su Nombre, Sanat Kumara[§] firma el suyo, el Cierre Dorado se sella, la llave se coloca en su receptáculo secreto, y el Libro de Vida, en medio del regocijo general, ocupa Su lugar con otros volúmenes, que representan a todos los que son por ***siempre libres.***

Algunos Libros son como el pequeño manual de primera comunión que los niños reciben cuando por primera vez vienen ante el altar a encontrar la Gracia del Espíritu Santo. Ellos fueron los inocentes que vinieron Conmigo y regresaron a Casa inmaculados. Algunos libros, como los suyos, como Espíritus Guardianes, son grandes, tan grandes como las Biblias antiguas sobre las cuales sus abuelos se hincaban a orar.

Junto a éstos está la gran biblioteca donde están depositados sus libros de vida al cierre de cada vida terrena. Esta vez, de nuevo, su firma es añadida, pero no lleva la firma de los Maestros, y la llave permanece en la cerradura. Cualquier Ser Ascendido puede entrar a esta biblioteca, a solicitud, y ver los registros de cualquiera ser humano cuyo servicio particular Él desee utilizar en alguna causa. El registro del tiempo y energía entre encarnaciones es también anotado en este libro y son extraídos por los Señores del Karma, mediante uno de Sus Mensajeros, y estudiados antes de sus peticiones o convocatorias para volver a reencarnar. Es así como un Maestro Ascendido es capaz de atraer cierta particular corriente de vida competente alrededor de Sí para una causa específica.

BIBLIOTECA DEL MAHÁCHOHÁN

Todo en los Niveles Internos es tan natural, tan

[§] Nota del traductor: Si bien en aquel tiempo el Señor del Mundo era Sanat Kumara, quien actualmente ocupa ese Cargo es el Señor Gautama.

normal—todo sigue la misma Ley que ustedes tienen aquí abajo. Todos y cada uno de ustedes tienen un libro de vida. El MaháChohán, por supuesto, los conoce todos. De otra manera, no los hubiera escogido como Sus discípulos. Pero en estos libros están escritos los pecados de omisión y comisión, así como el bien y todo esto determina tánto...

Cuando, por ejemplo, un Maestro desea una Dispensación para una corriente de vida en particular, se acerca al MaháChohán y juntos, escudriñan el libro. El MaháChohán (quien expresa la Esencia del Amor Divino) puede decir, *"bien, te permitiré que lleves este asunto ante los Señores del Karma—estudia el record y juzga por Ti Mismo si recibirás esta Gracia de acuerdo a la Ley."* Por supuesto, el Maestro que solicita el servicio sabe instantáneamente al mirar el libro si desea que sea leído por los Señores del Karma o si estos Grandes, desapasionados e impersonales Seres pondrán Su solicitud a un lado. El MaháChohán, sin embargo, nunca dirá, "No, no lo hagas," Él simplemente abre los libros. Tiene en Su biblioteca una mesa grande y larga (ven, ya Me estoy familiarizando plenamente con su fraseología desde que He sido su Guardián invitado) y usualmente tiene flores. A las flores les encanta estar en Su Presencia. Luego, si se trata un libro muy largo —como es el caso de muchos de ustedes—, éste contiene imágenes y el MaháChohán las abre. Él nunca habla mucho—Maravilloso Maestro, el MaháChohán permite que aprendan por sí mismos—siempre abre en la página que contiene el meollo de todo el asunto, y luego Se recuesta y cierra los ojos (sólo Dios sabe dónde lo llevará Su gran conciencia) y te deja por cuenta propia.

El MaháChohán es tan calmado, no hay presión alguna en Sus sentimientos—sólo la sensación de que quiere lo mejor para ti. Algunas veces hay siete de Nosotros esperando, y he visto diez o veinte Maestros con libros abiertos en todo el salón, pero Me gusta más cuando estamos solos. Cuando He estudiado el libro por un rato, el MaháChohán dirá, *"¿Te gustaría que lo trajera mañana?—Así tengo la oportunidad de hablar con los Grandes."* (Usualmente cuatro de los Señores del Karma residen al mismo tiempo, a menos que haya una acción cataclísmica y un gran número de almas hayan salido de la encarnación o en otras actividades importantes—cuatro constituyen la mayoría en representación de la Ley). Nueve de diez veces, el MaháChohán sólo espera, y Nosotros apresuradamente le devolvemos el libro y Nos despedimos. En otras ocasiones, Nos preguntará si tenemos alguna pregunta en mente. Él nunca dirá voluntariamente que sabe lo que tenemos en mente. Rara vez sonríe, y aunque Sus ojos son grandes y luminosos, los dirige hacia dentro de Sí de manera que la expresión en ellos es de introspección.

No puede dilucidarse nada del rostro del MaháChohán ni de Su aura a menos que se escoja utilizar esos Poderes Internos. Algunas veces le preguntaremos cómo se siente acerca de Nuestra solicitud, y entonces Él nunca deja de responder, *"Bueno, pienso que es espléndida, una idea espléndida, una maravillosa corriente de vida. Te diré que haría Yo—usaría algo de Mis energías sobre este punto en particular el cual pienso que puede ser examinado ante los Señores del Karma."* Eso es lo más lejos que irá el MaháChohán. Nosotros decimos, *"No, sabemos que Ellos no lo pasarán por alto"*—y así hace el MaháChohán, pero nunca deja de entrar en acción y sólo Su servicio desde esa Biblioteca Cósmica ha salvado a tal cantidad de los chelas tanto de Oriente como de Occidente, a través de centurias, que nunca dejaré de bendecirlo por ello.

FRENTE AL VELO HUMANO

Podría continuar y continuar, dándoles las hogareñas, felices y diarias experiencias de Nuestra asociación, el Uno con el Otro, pero si puedo atraerlos de tiempo en tiempo a estas conversaciones informales, pienso que comenzarán a sentir que Somos individuos—no puedo decir "persona" en Mi caso, sino Inteligencias Individuales. Me han llamado "El Príncipe Guerrero" porque estoy sinceramente determinado a detener esta tontería concerniente al velo humano.

¿Le han hablado al viento alguna vez y recibido su voz (la de ustedes) traída de vuelta a su rostro? ¡Esta es la forma en que se siente en Nuestro Reino! Me He parado a su lado en tiempos de crisis, y con todo el Poder y Maestría de Mi corriente de vida, Me he esforzado por transferirles lo correcto que hay que hacer; y nueve de cada diez veces, los pensamientos fueron barridos de vuelta a Mí a través del mal, acompañado por pensamientos y sentimientos absurdos desde ustedes que no tienen más derecho a existir que un tábano.

¿Cómo pueden estudiantes de Dios, quienes creen que Somos Reales, continuar viviendo en un capullo, en un estado de sonambulismo, y dejarnos tocando la puerta de sus conciencias sin esforzarse por destruir esos capullos? Para decirlo suavemente, resulta sorprendente. Si algunas personas a quienes aman estuvieran en algún tipo de peligro al otro lado de una pared de tres metros de alto y quisieran ustedes llegar a ellos, con toda determinación despedazarían esa pared en un esfuerzo por alcanzarlos.

Con dificultad ha atravesado el hombre corrientes violentas para conseguir comida en tiempos de inanición, y ha dado un paso después del otro sobre arenas ardientes que le han producido vejigas en las plantas de sus pies, con el fin de llegar a un oasis por agua. Lo que han hecho los hombres en nombre del llamado amor—han destruido hogares y felicidades, y superado obstáculo tras obstáculo para tomar posesión de aquello que piensan es esencial.

No obstante, maravillosos Seres de Dios, guardianes de su raza, dormitan y Nosotros continuamos con todo el Amor de Nuestros Seres tratando de alcanzarlos a través de uno y otro canal, esforzándonos en atizar la energía suficiente dentro de sus cuerpos internos para detener la creación de discordia.

En India, millones de hombres santos viven en todo estado de disolución y desesperación. Hombres santos en la cima de cada montaña desde los límites de los Himalayas cubiertos de nieve hasta el sol tibio de Ceilán—y ¿qué han hecho para disolver el velo de creación humana, el *cual no tiene derecho de existir?*

Si los estremezco lo suficiente... ¡ustedes harán algo al respecto! ¡No es la Voluntad de Dios que ustedes se sientan con los ojos oscurecidos y oídos llenos con el vacío en medio de la gloria de la creación! La Voluntad de Dios es que Yo pueda caminar a través de la puerta de sus casas, tomar sus manos y besarlas por el Amor de la Vida y Servicio. Yo no seré capaz de hacer más por ustedes, debido a la no-receptividad de sus conciencias, a menos que Me vieran, y sus sentimientos, puedan aceptar esta Liberación; ¡y cada caso de limitación, mala salud, edad, discordia y confusión no sería ya más para ustedes!

DESTINO ACEPTADO

Amados Corazones, vengo a traerles Paz, y debo mantener esa conciencia de Paz, pero agita las fibras más profundas de Mi Corazón verlos limitados, cuando eso no es necesario. ¡Los He visto de pie ante los altares de Egipto, en el corazón de Méjico, entre los Incas— conociendo y ejerciendo los Poderes del Fuego Sagrado! ¡Los He visto, a cada uno, con el Fuego flameando desde sus cuerpos, hombres y mujeres por igual! ¡Los He visto practicando la imposición de manos y ver cómo la distorsión, los inválidos y las formas imperfectas se levantan en libertad!

¡Veo, como Lo hago dentro de su Cuerpo Causal, vórtices de fuerza que pueden curar instantáneamente! ¡Puedo ver estas cosas, y Me resulta inconcebible que ustedes no lo manifiesten! Voy a crear un dosel de

Luz alrededor de ustedes de manera que la presión del letargo masivo cese y no sea aceptada ya más como su destino en la vida. Ustedes han aceptado esto como su destino y, as, la muerte reclama la forma seguida de la disolución. Los conozco a cada uno de ustedes. Son asignados a un salón de clases en este lado, luego regresan... y regresan... y regresan... y, ¿qué tanto han conseguido? Unas pocas páginas más escritas en el libro—¡nueve décimos de lo cual tiene que ser borrado antes de que podamos colocarlo en el Pergamino de la Inmortalidad! Me avergüenzo al mirar alguno de ellos. El hombre habló verdaderamente cuando dijo, "los dedos movientes escriben, y mantienen el escrito en acción."

UN DIA EN LA VIDA DEL HOMBRE

Es sólo Dios en Su Misericordia y Amor quien escoge sacar de los registros de los hombres el insensato gasto de tiempo y energía. Me gustaría traer uno de esos libros y mostrárselos—pero ¿a quién? ¡De traer el libro de alguien, los demás se reirían a expensas del otro! Pero deseo que puedan ver qué hacen con la vida. Se levantan por la mañana—durante toda la noche el Reino Elemental ha purificado la atmósfera en preparación para el nuevo día—el cordón de plata, que en sí contiene su propio Patrón de Vida, fluye a través de ustedes incesantemente, y ustedes escriben con sus pensamientos y sentimientos una página, un capítulo, y si son enérgicos y vitales, algunas veces ¡hasta un volumen! En la noche firman su nombre, cierran el libro, algunas veces vagamente usan la Llama Limpiadora... ¡y se van! Este descuidado uso de la Vida es la razón por la que deben utilizar la Llama Purificadora antes de dormirse.

¡Por el amor de Dios, amados Míos, no devuelvan esos libros a las tablillas de la Biblioteca del MahâChohán cada noche con algunas de las cosas que han escrito en ellos! Cuando los abren en Presencia de su Padrino ¿cómo piensan que se siente ese Gran Ser? Pero si han utilizado el Fuego Sagrado, no sólo habrán consumido el registro en el libro, sino que también habrán consumido tanto la causa en los Niveles Internos su propia propensión natural, y estarán a un tris adelante en el sendero de escribir el capítulo final.

USO DEL FUEGO SAGRADO

Como verán, Mis amados amigos, Nosotros no podemos firmar el nombre de un Ser Ascendido en un *record* imperfecto—sobre el Nombre del Señor del Mundo no puede haber ningún *record* de iniquidad, y ¿por qué tendrá alguna de las Hermosas Damas de la Corte de Kwan Yin con Sus Propias y Amorosas manos y con el uso de Su Propia Llama del Corazón, que remover algo de esa inmundicia y discordia, cuando ustedes han aceptado dentro de sí el Fuego Sagrado?

A través del uso del Fuego Sagrado, ustedes pueden condensar la historia de sus Vidas—siempre y cuando estén dispuestos a ir atrás al principio de los tiempos. No requieren de todos los detalles—tan sólo flameen la Llama Purificadora hacia atrás a lo largo de su Corriente de Vida. ¡Lo que ustedes son hoy es un magnífico indicativo de lo que han sido centuria tras centuria! ¡Esa es Nuestra esperanza—cuando se elevan y abandonan su sentimiento de desesperación!

Mis amados, no quisiéramos que sintieran algún sentimiento de depresión por lo que no han podido realizar de acuerdo con la medida de su propia luz. Hemos tratado de mostrarles Nuestras experiencias simples y hogareñas, las cuales también pueden ser suyas—y esperamos que lo hayamos hecho lo suficientemente placentero de forma que escojan invitarnos nuevamente. Entretanto, queremos que se den cuenta de que ustedes son los Portadores de la Luz que han llevado la Iluminación de Dios a través de tantas eras, por lo cual les resultará imposible no liberar el momentum de certeza, salud, suministro y confianza en plena maestría, cuando su mente externa se rinde por sí misma a la directriz de su Cristo que mora dentro.

Sus cuerpos son sólo templos. Colóquenlos, a cada uno, en su propia órbita *como un instrumento*, de no más importancia que la pluma con la que escriben. Sin embargo, sus centros creativos de *pensamiento y sentimiento* están ya sea contribuyendo a la atmósfera de los Ámbitos Internos —la cual deseamos se convierta en la atmósfera de la Tierra—, o a la mortaja de muerte de un planeta que Saint Germain espera se convierta en una brillante Estrella dentro de los próximos veinte años. *Sea que la humanidad esté lista o no, el Tribunal Kármico ha rehusado aceptar la desprendida oferta de Sanat Kumara de quedarse.* Si este velo humano, que es invisible a la vista física, puede ser disuelto a mediante el uso del Fuego Sagrado—utilizado, con su acuerdo, por seres no-ascendidos— ustedes serán capaces de moverse rápidamente hacia adelante en su servicio individual a Nuestro Rey.

SOLICITUD FINAL POR LLAMADO

Antes de terminar, quiero pedirles que en el silencio de sus propias recámaras, hagan el Llamado (tres veces al día si es posible) por los seres desencarnados—para que se les pueda dar la oportunidad de entrar a uno de esos Templos de Purificación que Saint Germain y Yo Nos estamos esforzando por establecer en el ámbito astral, de manera que ninguno de ellos pueda descender dentro del infierno terrífico de pensamiento y sentimiento dentro de su propia oscurecida conciencia. En cada período de veinticuatro horas, entre las tantas almas desencarnan, nueve de diez nunca reciben una oración y no saben qué hacer por sí mismas. Si una sola corriente de vida — o preferiblemente tres— hicieran el Llamado por esos desdichados, Nos asistiría tremendamente, sin mencionar lo que haría por *ellos*.

Los Bendigo, los Amo y les doy las Gracias.

14

TIENEN QUE CONVERTIRSE EN MAESTROS DE LA ENERGÍA

por el Arcángel Miguel

(Tomado de *Dictations*)

Ah, Mis amados Hijos, es mucho el tiempo que tengo de conocer a esos espíritus rodeados ahora de vestidos de carne! ¡Durante mucho tiempo He sido el Guardián de la Llama de la Fe, Esperanza y alivio en la máxima manifestación del Buen Dios a través del corazón de todas las evoluciones que caminan sobre el sendero de la Tierra!

¡Durante mucho tiempo los He tomado en Mis propios brazos al cierre de una vida en la Tierra, cuando con el alma agotada y con la pequeña cosecha acopiada de sus experiencias de vida, ustedes atravesaron los portales de la muerte y se pararon confundidos y solos al otro lado del velo!

¡Cuán frecuentemente los He llevado en Mis brazos dentro del hermoso templo de los durmientes y He colocado sus cansadas almas sobre el lecho de vida, besado sus párpados cerrados, bañado sus cuerpos etéricos con la sustancia de la Paz, permitiéndoles volver a encender ahí las energías requeridas para su viaje a los Salones del Karma!

¡Cuán frecuentemente Me He parado frente a esos lechos y los He despertado amablemente con las sobrecogedoras palabras de que el Salón del Juicio esperaba por ustedes, y dentro del círculo de Mis Propios brazos de Luz caminaron hacia el interior del Salón y comparecieron ante el Gran Tribunal Impersonal, donde tímidamente oyeron leer su *record* de vida. Luego, Mi Fuerte Aliento dentro de la esencia de sus seres los capacitó para pararse erguidos y solicitar la oportunidad de indemnizar a la Vida!

¡Cuán frecuentemente dentro de Mi Propio abrazo dejaron esos Salones y entraron a un salón de clase de la Vida, preparándose de nuevo para un viaje a través del mundo de la forma!

PRESENCIA GUARDIANA DE LA FE

¡Yo conozco bien a cada alma, a cada Corazón, a cada Espíritu! Conozco sus esperanzas, sus aspiraciones, sus fuerzas y sus debilidades y los Amo, porque desde el Propio Trono del Padre y desde el Corazón de la más Grande Eternidad, He venido adelante para convertirme en la Presencia Guardiana de la Esperanza y la Fe dentro del espíritu del hombre, y no bajaré la Espada, ni doblaré Mis Vestiduras para regresar a la Perfección Pura del Reino que es Mi hogar... ¡mientras permanezca un alma en las sombras, un corazón adolorido, un espíritu en cautiverio! Me He bañado en el aura resplandeciente de Su Amor y es Mi Regocijo, Mi Privilegio y Mi Honor encarnar Su Naturaleza y llevar el Amor de Dios a toda forma creada.

¡Oh, grande es el gozo de Servirle! ¡La Alegría de llevar Esperanza dentro de los Corazones de los hombres! Ojalá pueda Yo encender su mundo de sentimientos con ese gozoso entusiasmo en su servicio a la Vida que está limitada... ¡y que tanto ustedes como la Hueste Angélica, puedan encontrar sólo Felicidad en liberar la Vida a punta de amor!

¡La Belleza de ese Gran Padre Poderoso! La

exquisita Perfección de Su Complemento—la Madre Celestial... ¿cómo puedo describirlos con palabras? Sin embargo, de esos corazones respirantes emana la Esencia de Vida que es su identidad; viene el constante flujo de la corriente de Luz Electrónica que sostiene sus formas físicas y que les da inteligencia a la mente, continuidad a la conciencia y actividad a los vehículos en los que habitan actualmente.

¡Ojalá pudieran ver con la gloriosa visión de su propia Presencia Divina, esa corriente de Luz Electrónica que se ancla dentro de sus corazones, que fluye adelante con cada latido dentro de su mundo y que se convierte en lo que decreten! ¡Ah, la Vida es lo que ustedes solicitaron ante el Trono del Eterno¡ —Vida, la cual ustedes fueron lo suficientemente intrépidos para invocar, traerla adelante, calificarla y liberarla dentro del Universo, llevando su sello y su nombre—Vida, que sólo puede ser dada por el Padre, de ustedes para pedirla y, sin embargo, ¿qué han hecho con Ella? ¿Qué han hecho de Su exquisita, Pura Sustancia Electrónica mediante la cual los Elohim han construido los soles, las estrellas, los planetas, mediante la cual la Deidad ha creado a los Seres Angélicos, Devas, a los Querubines y Serafines?

VIVIR PARA LIBERAR LA VIDA

Cada uno de ustedes ha hecho su propio cuerpo,(*) sus propios mundos y ¡todo aquel que lo intente puede observarlo!

Les traigo la memoria de la oportunidad que está dentro del uso de la Vida en cada momento ¡ya que Ella fluye constantemente! Desde que ustedes solicitaron al Corazón del Padre su identidad individual y la oportunidad para expresarse en el mundo de la forma, se les dio la Vida —todo lo que han pedido—y a través de su mundo mental y de sentimientos, han moldeado

(*) Nota del Compilador: Se refiere a las condiciones en las cuales están inmersos en el presente.

esta Vida dentro de la forma, dentro de la sustancia, dentro de toda creación manifestada del bien y el mal.

Nosotros vivimos, Mis amados, para liberar la Vida. Ustedes son las voces que ahora claman en el desierto, pero ustedes también, dentro del latido de su corazón, desean Liberación... ¡desean un medio y manera por el cual puedan convertirse en maestros moldeadores y directores de su propia vida! Mediante su presencia en este salón, están confirmando a la Primera Causa Universal que desean elevarse otra vez dentro de la Maestría dignificada de dioses y diosas, y a través del control y dirección de la vida, expandir las fronteras del Reino...¡y eso es bueno!

A la cabeza de la Jerarquía Cósmica se yergue el Señor del Mundo, Sanat Kumara, quien representa al Rey de Reyes para esta evolución. A la cabeza del Reino Elemental está el MaháChohán, la autoridad final para esa vida elemental. A la cabeza del Reino Angélico se encuentra Mi humilde Ser. Somos la Trinidad que formamos la cima de la triple evolución que se desenvuelve paralela sobre este planeta del Sistema, las cuales, por Decreto Divino, están destinadas a caminar tomadas de la mano en conciencia cooperativa, en el desarrollo y madurez de una Estrella Planetaria de Libertad.

Siendo que el velo de *maya* nubló la visión del hombre a la Gloria de la Hueste Angélica, y cerró sus oídos a la Música de las Esferas, el Reino Elemental ha servido en silencio, en sufrimiento, en indignidades que no vamos a describir. El Reino Angélico ha servido siendo desconocido, deshonrado y sin honores, excepto en las cortas temporadas de Navidad en que se le ha honrado.

SERVICIO DE LA NUEVA ERA

Como bien saben, estamos al final de una gran Era la cual cerrará con la atracción de la esencia de la Tierra y las almas de los hombres dentro de la Perfección; y la Inteligencia que gobierna este gran Universo ha ordenado que los tres Reinos—el Angélico, el humano y el elemental—adorarán juntos, servirán juntos y caminarán juntos a lo largo del sendero de la vida dentro de esa Libertad. Este es el Servicio del Rayo Ceremonial a cargo de su Gran amado Señor Saint Germain. Es un Servicio que traerá a la conciencia de la gente una realización de la presencia, guía y amor de la Hueste Angélica y el Reino Elemental, así como un deseo conciente de unir las energías de la vida individual tejiendo un manto de Inmortalidad para la Tierra.

¿Cómo Puedo describirles la conciencia de los Ángeles? ¡Ah, dulces Ángeles entre ustedes, Los Amo! No es fácil vestir el ropaje de carne, pero que por Su servicio pueda Nuestro Reino ser conocido más rápidamente. Elementales entre ustedes... ¡los Amo! Por tanto tiempo han servido e ¡inegoístamente en ello! Y preciosos Espíritus Guardianes de otras Estrellas ¿recuerdan ustedes el día en que vinimos desde el Corazón del Sol y caminamos sobre el Puente de Luz Electrónica dentro de la atmósfera de esta Tierra? Con Nosotros vinieron los inocentes y preciosas corrientes de vida que tuvieron su primera oportunidad para dirigir la energía a través del pensamiento y el sentimiento en este Planeta. ¿Recuerdan la ternura en Nuestros Corazones por estas almas que germinaban? ¡El Amor! ¡Ah, el Amor que Nos hace renunciar a Nuestra Liberación, al Gozo y la Felicidad de los Ámbitos de Perfección y Amor por el cual juramos ante el Dios que nos hizo a todos, permanecer hasta que la evolución entera haya consumado su destino!

¿Recuerdan la felicidad de esos días cuando los Ángeles, Serafines y Querubines caminaban con el hombre? ¿Cuando los Elementales en las flores, en el árbol, en el lago y en la montaña eran visibles a la vista física de la raza que se desarrollaba, antes de que los "rezagados" de otros Sistemas entraran en nuestro

Planeta? Estos fueron los dulces y felices días... ¡los días en el "Jardín del Edén"! *¡Aquellos días vendrán otra vez!* Vendrán primero a través de gente como ustedes, quienes creen que la Hueste Angélica y los Maestros de Sabiduría son capaces de alcanzarlos a través del velo, tomándolos de la mano, y revelándoles la manera de regresar *a Casa*... ¡mediante el Poder de Su Propio Amor y Luz!

¡Qué dulce resulta verlos parándose en el umbral del velo, con sus manos tendidas a través del velo sosteniendo las Nuestras! ¡Qué dulce resulta ver sus corazones latiendo, la Gloriosa Inmortal Llama de Vida Eterna, elevándose como un magneto para atraer Nuestra Presencia!

¡Cuán dulce resulta saber que ustedes aman la Vida y que desean liberarla! ¡Es por esa razón que estoy aquí! Es por lo que Lord Maitreya (en el Gran Concejo donde Nos reunimos) Nos expuso en términos claros que era su deseo que uno por uno de los miembros de los Maestros Ascendidos y el Reino Angélico viniera y presentara un claro, preciso e inequívoco cuadro de Nuestra Realidad, de Nuestro peculiar y particular Servicio a la Vida, lo cual pudiera impartir a sus conciencias una CONVICCIÓN de que Somos REALES como lo son ustedes—que tenemos un Designio de Vida y un Propósito de Ser... ¡y que estamos dispuestos a dirigir todo el peso del pleno momentum acumulado dentro del aura y conciencia de cualquier hijo o hija del hombre que esté DISPUESTO a vivir por el Todo!

CONCIENCIA ANGÉLICA

¿Cómo puedo describirles la conciencia de los Ángeles, vuelvo a preguntar? Los Ángeles viven solamente para irradiar la Naturaleza de Dios, la Virtud de Dios. ¡Ellos no trabajan, Ellos brillan! Ellos se paran alrededor del Trono del Gran y Poderoso Padre-Madre Eterno y, zambulléndose dentro del Mar Viviente de esa Aura hasta que sus cuerpos vibran con Esa Luz, entonces, de acuerdo a la dirección de Dios, Se lanzan hacia afuera llevando la Esencia y Sustancia de Fe, Esperanza, Amor y Curación a las cuatro esquinas del Reino.

Viendo dentro de un salón lleno de gente como éste, la Hueste Angélica no ve sus formas. Ellos verían simplemente la luz y las sombras de sus corrientes de vida.

CONCIENCIA HUMANA

A la evolución humana, Mis preciosos, le concierne la CREACIÓN DE LA FORMA, le concierne únicamente las preferencias del cuerpo mental por medio de las cuales se corta de la Sustancia Universal un diseño particular, correspondiente a una idea (la cual será, con todo derecho, descendida desde la Presencia), y luego, a través de la acción del mundo de sentimientos, la energización de esa forma, dándole vida y bajándola dentro del plano tridimensional.

CONCIENCIA ELEMENTAL

La conciencia de los Elementales consiste en CONVERTIRSE en esa forma, en sacrificar Su libertad, Su felicidad y Su alegría para entrar dentro del patrón de pensamiento del hombre que evoluciona, dándole forma a esa idea por medio de Su propia Vida.

La conciencia de los Ángeles consiste en ***traer la radiación a través de la forma***, dándole Su Vida, dirigiéndola y llenando el Universo con Sus bendiciones.

CALIZ ANTE CADA EVOLUCIÓN

Ahora bien, podrían parar un Elemental, un hombre y un Ángel frente a su cáliz, y es de la manera siguiente como aparecería ante cada conciencia: El Elemental vería a todos sus pequeños amigos dentro del vidrio que constituye esa forma—sus caras brillantes, sus cuerpos diminutos, sosteniendo el contorno de la copa y la base. El hombre vería el vidrio, juzgaría su valor y quizás se preguntaría si es o no cristal. El Ángel vería el Poder del Fuego Sagrado, atraído por el amado Director de ustedes, dentro de la copa fluyendo a través de ella. Las actividades de los tres Reinos son necesarias para tener una manifestación perfecta en este mundo de la forma.

Podrán entender, entonces, cuán necesario es para ustedes —entre los miembros de la raza humana— llegar a una comprensión de la conciencia de los Elementales y cesar, en el Nombre de Dios, de crear formas de pensamiento que los Elementales están forzados a llenar con Sus propios cuerpos ligeros y las cuales son una distorsión de la Vida, aprisionándolos algunas veces durante centurias en vórtices maléficos que los haría desmayarse si los escudriñaran con la visión interna.

¡OH, DIOS! Al entrar a una gran ciudad como ésta y ver la vida Elemental aprisionada—sustancia inteligente, pongan atención— la cual en obediencia al decreto de un ser humano, está sufriendo encarcelamiento en estos vórtices de lujuria, cólera, odio y resentimiento... ¡Mi Corazón clama por hombres y mujeres que estén dispuestos a LIBERAR esa Vida!

El Reino Elemental ha estado sirviendo de mala gana al hombre desde que pasó la última Edad Dorada por la pantalla de la Vida.

¡Miren los cuerpos de los hombres en la actualidad! En el Nombre de Dios, cada uno fue hecho un ser de Luz brillante a imagen y semejanza del Padre Eterno, y no obstante... ¡han sido deteriorados dentro de vestiduras de podredumbre!

¡Voy a espolear a la humanidad por medio de Mi Presencia en este Universo! ¡Yo no Me He ofrecido ociosamente a permanecer veintidós horas de cada veinticuatro dentro del ámbito astral en el cual mora la conciencia del hombre! ¡Estoy dando Mi Vida para liberar la energía aprisionada dentro de los pensamientos-forma que conforman el ámbito astral!

¿Saben ustedes durante cuántas incontables centurias los Ángeles del Rayo Azul, los Ángeles de Mis Legiones y Yo Hemos pasado liberando almas?

¿Que de qué? Pues, de sus propios pensamientos y sentimientos exteriorizados una y otra y otra y otra vez, mediante los cuales la Vida Elemental es atraída adelante y aprisionada. ¡LES IMPLORO, a ustedes que han profesado amar la Vida¡ ¡Piensen bien en el uso de sus pensamientos y en el poder de energización de sus sentimientos!

Oh, no les digo esto para ponerlos tensos o hacerlos infelices ni que se sientan excesivamente responsables por todo el ámbito en el que Yo opero; pero, amados Míos, Mensajeros de Dios han venido y partido, la brillante Luz de Buddha, la Bendita Presencia de Jesús, y aún así la raza ha avanzado muy poco—quizás un alma individual o dos se liberaron aquí y allá en el transcurso de un año, pero la masa permanece atrayendo la Vida, aprisionando la sustancia Elemental... ¡y ESO NO DEBE SER!

INSTRUCCIÓN DE LA HUESTE ANGÉLICA

El amado Jofiel, Mi Hermano, es el Instructor de la Hueste Angélica así como Lord Maitreya es el Instructor Mundial de la Humanidad.[17] Es algo encantador ver a los Ángeles aprendiendo cómo controlar la energía. Ojalá que ustedes vinieran Conmigo y los vieran. Los más pequeños están justamente llenos de Amor, atrayendo la Luz del Cuerpo de Dios, incapaces de retenerlo dentro de Sus Seres por mucho tiempo, emitiéndolo desde Sus cuerpos rápidamente, algo como sus estrellitas del Cuatro de Julio. Gradualmente, a medida que se desarrollan y evolucionan, esos Benditos son capaces de retener esa Luz por períodos cada vez más largos.

Finalmente, un día, cuando pueden encarnar el Amor, la Paz o la Sanación, y se Les puede confiar la entrada a los ámbitos inferiores donde habitan la

[17] Nota del traductor:El Señor Maitreya es actualmente el Buddha de la Tierra y el Cargo de Instructor Mundial lo ejercen conjuntamente los Maestros Kuthumi y Jesús.

resistencia y la discordia, se les envía en una Misión. Sus cuerpos están plétoros de energía, brillando y vibrando con la Cualidad que han escogido, y entran al aura de la humanidad. Ellos no están acostumbrados a la resistencia humana ni a la incredulidad de la gente. Se sienten decepcionados en sus dulces corazones cuando traen un regalo de Gracia y no se les acepta; pero Ellos aprenden, y al hacerlo, crecen.

SERVICIO DE SANACIÓN

Esta noche vengo de estar sobre una gran prisión esta noche. ¡Ojalá pudieran ver los miles de Seres Angélicos parados en la atmosfera sobre ese lugar! ¡Ojalá pudieran ver el lamento elevándose desde los corazones de esas almas cuyo propio *karma* los ha colocado ahí! ¡Ojalá pudieran ver por un momento al Guardián Silencioso, que es el Guardián de esa institución, tejiendo esas súplicas y lamentaciones del corazón dentro de una gran corriente de Luz. Esto Él lo dirige hacia arriba a uno de los grandes Ángeles Cósmicos de Sanación, quien envía de vuelta las Corrientes de Sanación desde el Templo del Arcángel Rafael... ¡dirigiendo también incontables cientos de Seres Angélicos para llevar esa Sanación a cualquier alma receptiva de Su Presencia!

¡Oh, hay tánto ocurriendo alrededor de ustedes! ¡Hay tánto ocurriendo en este Gran Universo! ¡Cada Ser dentro de Nuestro Reino está sirviendo de acuerdo al máximo desarrollo de Su propia conciencia, capacidad y habilidad!

¿Saben ustedes que cada Miembro de la Jerarquía está haciendo aplicaciones para una iniciación que incrementaría Su habilidad de servir?

¿Saben que los Siete Arcángeles que pertenecen a Nuestro Sol —incluyendo a Mi humilde Ser— estamos tomando iniciaciones las cuales Nos capacitan para condensar Nuestra Radiación y liberar más Luz, más Fe, más Esperanza?

¿Saben que —debido al Fíat Cósmico de la hora— Nosotros sentimos que se requiere de cada Uno convertirse en la fuerza de cien, ya sea en Nuestro Ámbito o en el suyo?

¿Qué hacen ustedes para incrementar e intensificar su capacidad de servir al Dios que los Ha hecho y que los sostiene hasta este día? Les pregunto esto bondadosamente, porque la Vida ha invertido fuertemente en el sostenimiento de sus almas, sus cuerpos, sus presencias en este Universo y Yo, que Me he parado al lado de ustedes en los Salones del Juicio ante los Señores del Karma... ¡Les traigo a la memoria el hecho de que deben rendir cuenta por esa inversión!

¡Amados Hijos de Dios! ¡Ustedes no están desamparados, mientras la Vida late en sus corazones! ¡Ustedes son los Poderes Maestros del Universo, a los que los Elementales y Ángeles deben obedecer! ¡Elévense ahora, en la Maestría y dignidad de su Vida, cumplan con el voto que hicieron ante el Sol de este Sistema, cuando se ofrecieron a proteger a la gente de la Tierra! DEBEN LLEGAR A SER MAESTROS DE LA ENERGÍA QUE FLUYE A TRAVÉS DE SUS MUNDOS DE PENSAMIENTOS Y SENTIMIENTOS DESDE HOY. ¡Ésta es la hora! Nosotros estamos preparados, y a través del Poder de la Luz de Nuestros Propios Corazones, con cada célula y átomo de Nuestros Seres, los asistiremos a cada uno a alcanzar la Victoria Eterna.

¡Pueda Yo agradecer particularmente a aquéllos presentes en esta asamblea que han sido tan constantes en sus llamados a Mí, lo cual ha hecho posible mucho en Mi servicio! ¡Ojalá pueda asegurarles que esos Llamados hechos a Mi Corazón son Mi más grande alegría, ya que Me abren una puerta a este reino de sombras, a través de la cual puedo servir! ¡Ojalá pudiera decirles, a todos y cada uno de ustedes, cuánto los Amamos, cuán cerca están los Ángeles, qué deseosos Estamos de pararnos visiblemente dentro de un salón como éste, elevando Nuestras voces con las suyas en cantos, en alabanzas al Dios de la Vida! ¡Qué ansiosos estamos de pararnos a su lado cuando invocan la Presencia de Dios, y flameando la Llama y el Fuego de Nuestros Seres a través de su llamado personal, traer la liberación instantánea de entre las sombras!

¡Les Hemos hablado por muchos años! Han disfrutado de Nuestras palabras, pero ¿van ustedes a moverse a la acción? ¡En el Nombre de Dios, vengan adelante ahora y *SEAN* esa *Presencia Guardiana* que Yo Soy!

¡Que las Bendiciones del Padre Eterno y de la amada Madre, las Bendiciones de los Ángeles, el Querubín y el Serafín, puedan posarse sobre ustedes y sus familias! ¡Que la Fe en Dios pueda pulsar a través del latido de sus corazones, desasociando sus sentimientos para SIEMPRE del miedo a las "apariencias del mundo". Ya es hora de que los hijos e hijas de Dios dejen de considerar como seguridad una corteza de pan, un techo para protegerlos de los Elementos o una esperanza de que en los años de vejez podrán tener una semblanza de paz y de felicidad, pasando dentro de la desintegración de la forma. ¡Eleven sus conciencias! ¡Enderecen sus hombros! ¡Pónganse las vestiduras de su propia naturaleza espiritual! ¡Tomen el Cetro de su propio Dios en las manos! ¡Comanden la sustancia y la energía a la Perfección que está dentro de sus Corazones, y SEAN un confort para la Vida!

¡LOS RETO! ¡Estaré observándolos para ver qué han hecho con Mis sugerencias!

15

RESUMEN DE LOS TRES REINOS

por el Arcángel Miguel
(Tomado de *Dictations*)

Salve, hijos de Dios! ¡Vivientes y respirantes Seres de Fuego que representan a los tres grandes Reinos—Espíritus Guardianes de otras estrellas y planetas, Ángeles que llevan puestas vestiduras de carne, Elementales encarnados actualmente para ayudar en la evolución de la raza y habitantes de la Tierra también!

Esta mañana, les traigo las bendiciones del Gran Padre-Madre Eterno de este Sistema, ante cuyo Trono Me arrodillé, besando la basta de Sus Vestiduras Celestiales y pidiendo el privilegio —la oportunidad— de proteger las almas de los hombres hasta que todos y cada uno pudieran ser transformados y transmutados al Cuerpo de Fuego Blanco Etern, y pasar triunfantes de la rueda de nacimiento y muerte a su inmortal y eterna Liberación Divina.

¿Saben ustedes, entonces, cuánto los Amo individualmente? ¡Cada uno de ustedes es parte de Mi promesa a la Vida! He observado sus almas desde el primer día en que sus dulces pies tocaron el planeta Tierra en la primera vuelta de su gran viaje hacia su desarrollo creativo eterno y Perfección. Ya sea que hayan venido como Espíritus Guardianes, como seres angélicos (esto es, miembros de Nuestra Corte), como Constructores de la Forma, o sea que estén entre los dulces y santos inocentes por quienes el Planeta fue creado y han sido sostenidos hasta este día—¡Yo empeño Mi Vida para verlos LIBRES!

¡A través de esas largas centurias que han transcurrido, Yo he caminado a su lado en encarnaciones en que las lágrimas nublaban sus ojos! Muchas veces en que sus cabezas estuvieron inclinadas, y aparentemente habían perdido la fe en Dios, en Su Bondad y Propósito, Me paré cerca y les susurré, *"Fe, pequeño hermano, Fe, dulce hermana"*, y nuevamente levantaron la cabeza, enderezaron la columna vertebral y avanzaron, esforzándose en esa Vida en la Tierra por balancear sus deudas y conducirse de manera digna a la Vida de Dios que es su propio latido del Corazón.

Muchas han sido las veces que He tomado sus almas agotadas (cuando el último aliento fue puesto al cuidado del Santo Confortador) dentro de Mis propios brazos, y con Mis propias manos he sacudido de sus vestiduras manchadas el sucio y las máculas de las iniquidades que ustedes —consciente o inconscientemente— entretejieron en la sustancia de sus seres. Muchas han sido las veces en que He respondido al Llamado del corazón de alguien que los ama más de lo que se aman a sí mismos, y en ese Llamado del corazón los He traído de vuelta desde el borde de la "segunda muerte" para renovar sus esfuerzos de completar su viaje en honor y dignidad. Muchas han sido las veces que He besado su frente al tiempo que volvían a asumir sobre sí el peso del *karma* que les asignara el Tribunal Kármico y entraban de nuevo al ámbito de la forma... ¡olvidando por un tiempo a sus Amigos—los Ángeles! ¡Yo soy su Amigo, pues Mi Vida está comprometida en liberarlos!

ADMISIÓN DE LOS «REZAGADOS»

Recuerdo bien cuando los sacerdotes en los

Templos fueron notificados que a los perezosos de otros Sistemas se les iba a dar morada en la Tierra, y se les dijo que hicieran la Aplicación requerida para proteger la evolución que había estado viviendo en la inocencia del "Jardín del Edén", de la efluvia y contagio de los pensamientos y sentimientos de aquéllos, quienes en su propio planeta ya sea que no controlaban o no pudieron controlar las energías lo suficiente, para continuar con sus planetas dentro de una mayor Luz.

ESPADA DE LLAMA AZUL

Recuerdo bien Mi propia contemplación, reflexionando en cómo podría servir mejor en las edades que estaban por venir. Fue entonces cuando diseñé en pensamiento la Espada de Llama Azul que ha estado Conmigo a través de todos Los æones desde entonces, y que ha sido constantemente utlilzada para cortar y liberar a las almas de los hombres de los grilletes de su propia creación; y liberar la Vida aprisionada atrapada en los pensamientos-forma de las entidades creadas por la humanidad que conforman el ámbito astral y psíquico, el cual es Mi hogar y habitación por escogencia personal, veintidós horas de cada veinticuatro.

Diseñé esa Espada de Llama por medio del pensamiento porque sabía que llegaría el momento en que las almas de los hombres necesitarían más que las energías de sus propias corrientes de vida para cortar y liberarse de los grilletes y creaciones dentro de las cuales ellos habían entretejido sus energías. Dentro de esa Espada cargué Mi Amor por el hombre, Mi Amor a los latidos del corazón, Mi Amor por Dios. No es una Espada a la que hay que temerle, mas bien es una Espada de Redención, una Espada de Esperanza, una Espada de Liberación; y cuando la última alma haya atravesado el Puente que lleva a la Luz Eterna, cuando el último libro de registro haya sido cerrado y sellado, cuando se complete la Ascensión de la última corriente de vida, y todo pequeño electrón que en la actualidad está funcionando en una

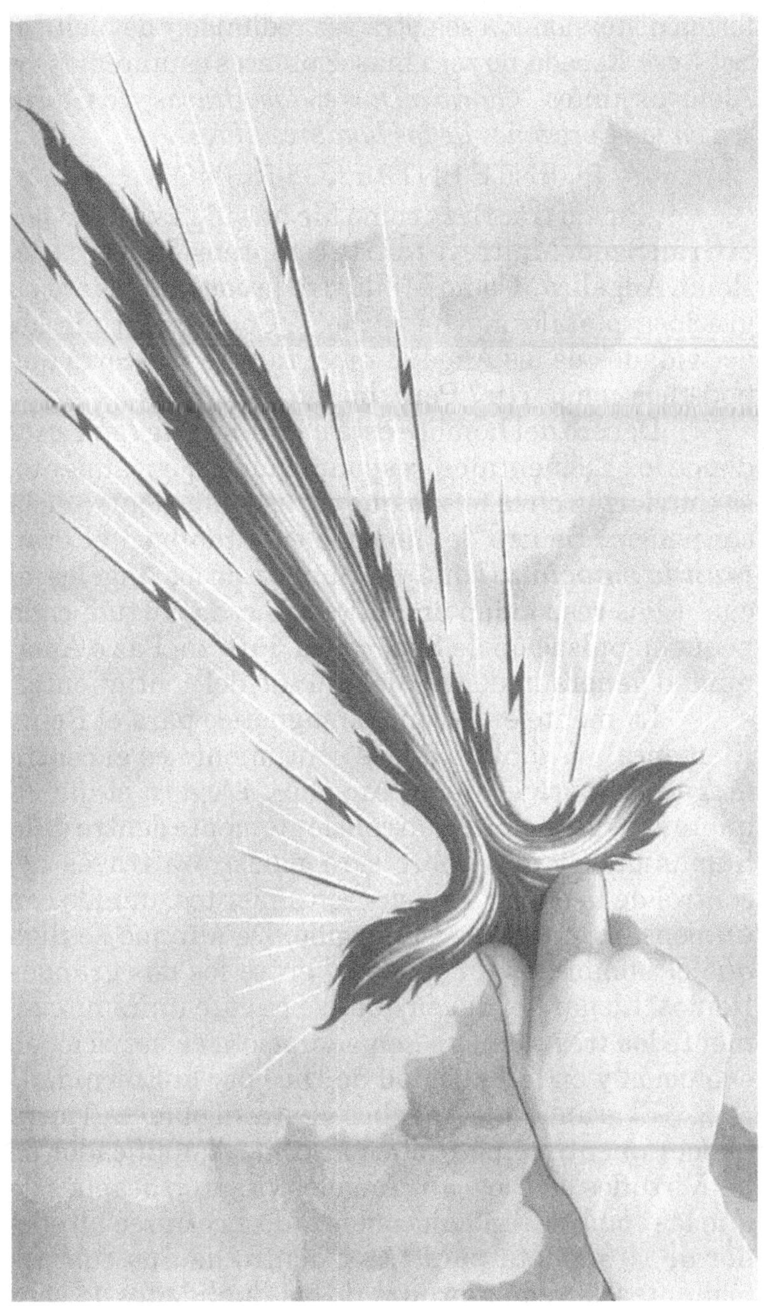

ESPADA DE RAYO AZUL

forma distorsionada sea otra vez redimido y devuelto al Sol—esa Espada no será más. Entonces cantaremos los Aleluyas juntos, *"Gloria a Dios en las Alturas y la Gloria sea en los Corazones de los hombres libres"*.

PUENTE ENTRE LOS REINOS

¿Puedo traerles (como Me ha sido asignado por el Gran Señor Maitreya) cierta comprensión acerca del Reino Angélico? Como Mi ilustre predecesor sobre su graciosa plataforma ha dicho, "¿Cómo describir las actividades de los Ángeles en el tiempo tan corto que podemos compartir? Pero, bueno, ¡trataré!

Dentro del hombre está el ***ámbito de la mente*** donde los Elementales, respondiendo al pensamiento, se convierten en la forma que es diseñada dentro de la conciencia. Dentro del hombre está también el gran ***mundo emocional*** que es el ámbito de los Ángeles, al cual Ellos responden amplificando cada Virtud, cada pequeña pulsación de Esperanza, Pureza, Paz o Amabilidad generada dentro del mundo del sentimiento.

La mente es el centro magnético para el Reino Elemental. El ámbito de los sentimiento es el centro magnético para el Reino Angélico. Llegará el día en que ambos se combinarán concientemente dentro de la humanidad, y el hombre será maestro a través del control de la energía en sus sentimientos, unidas con un pensamiento preciso dirigido. De allí que se diga que el hombre es un "puente" entre los dos grandes Reinos. Llegará el día en que ese puente unirá nuevamente los tres Reinos — en adoración, en servicio, en evolución y en la Felicidad de Dios por la Eternidad.

El gran Reino Angélico vino a su planeta Tierra primeramente como Protector, como Amplificador de las Virtudes de Dios. Los Ángeles vinieron después de que las sombras habían comenzado a cernirse alrededor de su planeta para traer dentro de Sus cuerpos brillantes, la remembranza de las Cualidades de Dios desde el Corazón del Eterno. Ellos se paran todavía dentro de las auras de los hombres y mujeres que están inmersos en sus propias creaciones humanas y, a través del Poder de Radiación, los ayudan a continuar dando un paso después del otro, moviéndose hacia adelante y hacia arriba hasta que amanezca el Día Cósmico cuando pueda darse más ayuda a esta evolución, y cuando el Fuego Sagrado llamado adelante redimirá la acumulación masiva de la efluvia en el ámbito astral y psíquico.

Como el amado MaháChohán les describió recientemente, los Elementales aprenden y ***evolucionan a través de la imitación y obediencia controlada***. Estas pequeñas inteligencias (los Elementales) crecen para convertirse en Devas y Constructores de la Forma, en los Grandes Espíritus que controlan las montañas y las sostienen en su Patrón Divino. Evolucionan hasta llegar a ser Grandes Elohim, creando planetas y sistemas ,y pueden convertirse en Guardianes Silenciosos de un universo o galaxia.

EVOLUCIÓN ANGÉLICA

Los Ángeles evolucionan primeramente a través del ***control de la radiación***. Ellos aprenden a través del control de la energía hasta convertirse en Querubines, Serafines, Arcángeles y finalmente, en Grandes Seres que cuidan y protegen planetas, galaxias y grandes sistemas de mundos.

El amado Arcángel Jofiel, en Su Templo, trabaja con el Reino Angélico en forma bastante parecida a la del amado [Pablo El] Veneciano con el Reino Elemental. A los pequeños Ángeles se les enseña cómo atraer la radiación, cómo emular un sentimiento. El Deva o Instructor encargado irradia un sentimiento, digamos, de Fe. El color y poder de esta cualidad sale a través de Su cuerpo e instantáneamente es re-creada en los mundos de sentimientos de los pequeños Seres Angélicos, quienes juegan en Ella; y cual abejas que se agrupan alrededor de una flor disfrutando de su néctar, así

Ellos absorben la cualidad de la virtud, riéndose en Ella y son felices. A medida que crecen, se alejan una corta distancia del Templo y la cualidad de la Virtud pasa a través de Sus cuerpos sin ningún impedimento ni control, haciendo pequeñas "estrellitas" como las que usan en la celebración de su Gran Día de la Independencia.

A medida que aprenden a sostener durante un largo período en Sus cuerpos, la cualidad que les ha sido asignada, evolucionan en el control de la energía. Se les asigna, entonces, a un Deva Ceremonial o a algún Miembro experimentado del Reino Angélico que esté próximo a dirigirse a la atmósfera inferior de los habitantes de la Tierra. Se les pide que sostengan la cualidad (de Fe, en este caso) dentro de sí hasta que el Ángel Director señale a alguna corriente de vida que esté necesitando Fe; y así, salen adelante en Su misión.

Algunas veces Son capaces de sostener la radiación por el período prescrito y otras veces, no. No es muy importante al principio, pero si son capaces de seguir adelante, bajarán a la atmósfera de la Tierra y el Guardián Silencioso de una ciudad los enviará a algún hogar donde quizás una madre vigila el lecho de un enfermo, o donde haya alguna persona sufriendo de alguna forma. Él, entonces, instruye al pequeño Ángel para que libere la cualidad que ha sostenido en su conciencia dentro del mundo de sentimientos del necesitado, y presta así el servicio para el cual fue creado.

La Fe del Ángel es un regalo al ser humano. Los seres humanos sienten la presencia del Ángel en una oleada de nueva esperanza, de confianza; pero ellos no ven ni saben de su Visitante Celestial, y luego, habiendo cumplido con su misión, regresan raudos al aura protectora de Su Director—el contingente completo finalmente regresa rápidamente al Sol o Templo desde el cual salieron.

Los Ángeles crecen en sabiduría hasta que se les inviste con el suficiente control de la energía para mantener o cuidar de una casa, una iglesia, un hospital o algún asilo de alguna clase. Allí permanecen, atrayendo hacia abajo la energía de la Deidad para bendición de sus asignados, extrayendo de las energías de los habitantes de dicho lugar las oraciones que salgan y, de esta manera, la gente devuelve (quizás inconcientemente) un balance y bendición por el Amor y la Luz de Dios.

Como ven, el Reino Angélico se ocupa primordialmente de ***traer los regalos de Dios*** y son unipuntuales en extremo. Si se les dice que traigan Fe, esa cualidad representa su entera conciencia. Los Ángeles encarnan la Obediencia. Prestan el servicio que se les ha asignado y regresan *a Casa.*

Ahora bien, otra actividad de la Hueste Angélica es ***expandir las virtudes que ya están presentes en la humanidad***. No obstante, Ellos no están abrumados por este servicio, ya que, desafortunadamente, los vicios de la raza no están balanceados con las Virtudes. En su gran actividad, al comienzo de este poderoso servicio el cual será universal en el futuro, cuando ustedes se reúnen—oh, si tan sólo pudiera descorrer el velo y permitirles ver la Presencia y Poder de la Hueste Angélica a medida que trabajan para construir un edificio Espiritual ¡en cada clase y reunión! ¡Si tan sólo pudieran ver a los Constructores de la Forma del Reino Elemental, así como a los Ángeles del Ceremonial que se les unen!

PATRÓN DE LOS RITUALES

El Guardián Silencioso del grupo escudriña a cada estudiante que es parte del culto del día, y envía un Ángel Mensajero al hogar de cada uno, el cual se esforzará por entresacar del aura de los estudiantes la más alta Luz potencial—horas antes de que se unan al grupo colectivo.

¡Si pudieran ver al Ángel Guardián que va por la calle precediendo a cada uno, cuidando que la energía de Vida de su pupilo no se disipe, de manera que puedan integrarse al grupo en la mayor armonía y balance!

¡Si pudieran ver a los grandes Constructores de la Forma que construyen el Patrón para cada actividad particular de la noche o de la mañana de culto! Estos Patrones rara vez son iguales. Por ejemplo, en la tarde en que el MaháChohán da Su discurso, la Actividad es una Gran Montaña Blanca, algo como el "Monte del Logro". Esta mañana, la Actividad tiene forma de cono a través del cual se enfoca el Poder del Tres Veces Tres. Prácticamente nunca hay duplicación, ya que el Guardián Silencioso de cada grupo, escudriña la energía potencial que ese grupo va a liberar y, así, puede juzgar el servicio que puede prestarse tanto al Planeta entero como al ámbito psíquico y astral, y delinear sus patrones de acuerdo con eso. También toma en consideración la Gracia y las Bendiciones que el grupo atrae para sí de las Alturas Celestiales por ofrecerse como un núcleo para la totalidad del servicio. Así, constantemente Nos sorprendemos y Nos deleitamos por el tamaño y diversidad de los Patrones.

De allí que la inspiración sea tan esencial en el corazón y conciencia de los líderes—que puedan ser receptivos al bien posible que puede consumarse en cualquier Momento Cósmico específico, porque todo, amados Corazones, es el Eterno AHORA.

Así como estos Ángeles tejen el Patrón y la forma, y así como ustedes son individualmente preparados (si tan sólo reconocieran que su preparación y la preparación de su conciencia mental y emocional sería de gran asistencia a ese Ángel), entrarían ustedes a esos Santuarios en tal reverencia, en tal silencio sagrado y con tanta unipuntualidad en su deseo de ser el más grande canal posible para la emanación de una fuerza que beneficiará y bendecirá a la humanidad —así como también al Reino Elemental, el cual se encuentra experimentando una gran angustia—, que no habría más nada en su mente y corazón que ese deseo único.

RADIACIÓN A TRAVÉS DEL OFICIANTE

Éstas son las vestiduras que cada uno de ustedes

utilizan, ya que todo hombre y mujer en esta actividad es un sacerdote o sacerdotisa, llevando en su corazón el Fuego Sagrado. Ustedes también llevan dentro de la *mente* el ***poder para magnetizar al Reino Elemental*** en pleno; dentro de los *sentimientos,* el ***poder para magnetizar a la totalidad de la Hueste Angélica***;y dentro del corazón, la ***mismísima conexión por medio de la cual la Deidad tiene que responder*** en Lenguas de Fuego y Llama, dando la asistencia requerida para bendecir y liberar a nuestro Planeta.

De manera que vengan todos bellamente preparados. Y les recomiendo, que entren al salón donde los Devas Ceremoniales y los Constructores de la Forma ya están ocupados. Ellos, por supuesto, están concientes de la identidad del Maestro que va a presidir (y puedo decir que siempre hay un Maestro o Ángel presente). No es necesario que les hablemos siempre como hemos estado haciéndolo esta mañana, especialmente cuando algún hijo bendito de Dios, hombre o mujer, ocupa la plataforma formal y sinceramente se convierte en el poder magnético que atrae a un miembro de la Hermandad. Puedo decir también que no siempre es la liberación mental y confort que ustedes reciben en las palabras, sino la RADIACIÓN que reciben cuando quiera que el bendito líder oficia. Ésa es la bendición de la Luz.

¡Oh, separémonos de la forma! ¡Apartémonos del deseo de entretenimiento! ¡Comprendamos, en el Nombre del Dios de la Vida al que todos servimos, que las bendiciones de la Vida están siempre-presentes! El Maestro Jesús dijo, *«Donde dos o más están congregados en mi nombre, allí estoy Yo en medio de ellos»* [Mateo 18:20] ¡Eso es Verdad! Ningún individuo en su perfecto juicio y conciencia, se parará sobre un púlpito o plataforma sin sinceridad en el Corazón. Donde hay un Corazón sincero, buscando la Luz, hay siempre un Poder Maestro o Ángel presente que es una Bendición para el individuo y el grupo.

Ustedes vienen ahora, cada uno, llevando en el Cáliz de su corazón la Llama Insustenta de Vida. En la iglesia, cuando se exhibe el Poder del Cristo dentro del Cáliz, suena la campana y las rodillas se doblan en reconocimiento de esa Presencia de Dios. Cada uno de ustedes que camina por la calle, que viaja en su automóvil, en el subterráneo, en tranvía o en sus benditos pies— ¡cada uno de ustedes lleva el Cáliz en el cual está la Vida de Dios! Desplácense, entonces, hacia este Sagrado lugar o a cualquier Santuario donde algunas corrientes de vida han anclado la Llama de Dios en reverencia y unipuntualidad.

¡Suya es la responsabilidad tanto como la de aquellos individuos que han escogido asumir el *karma* de la unidad colectiva! Al traer la Llama de Dios en su Corazón, colóquenla dentro de la Llama enfocada en su Santuario y entonces, dedicando las facultades desarrolladas de su propia visualización y sus propios sentimientos, de sus propios poderes de adoración y devoción, al total del colectivo—abran la puerta desde abajo HACIA ARRIBA, de modo que la liberación de arriba HACIA ABAJO no sea sólo para una unidad focalizada del tamaño de su ciudad, sino que pueda ser nacional o planetaria.

Ustedes han hecho eso muchas veces y tienen que ser elogiados. LOS AMO. Les estoy dando coraje ya que quiero mostrarles el diseño del cual cada uno de ustedes es parte.

TAMAÑO DEL CANAL

El tamaño del canal a través del cual las bendiciones desde las Octavas Superiores vienen a la atmósfera inferior, es ***determinado por la energía colectiva liberada por el cuerpo estudiantil dirigido por el director,*** y por la naturaleza de la comprensión en la conciencia del director y del grupo como un todo. Si ustedes tienen un alcance de invocación hacia arriba del tamaño de un salón, tendrán una emanación hacia abajo de tamaño similar. Si tienen una invocación del tamaño de una ciudad, tendán una vertida y bendición del tamaño de la ciudad. ¿Lo ven?

¡Ojalá pueda indicarles que no es el *volumen del sonido*, sino la *naturaleza de las conciencias* lo que determina la bendición! ¡Ojalá pueda indicarles también que hay una completa libertad en la acción de invocar las energías desde el grupo colectivo de acuerdo a los sentimientos dentro del corazón del director actuante, pero que la contribución de las energías del grupo es esencial, no solamente para bendición de las partes individuales, sino también para la bendición colectiva del planeta!

CONGREGACIÓN CÓSMICA

Esta mañana han venido los Elohim , los Devas y los Constructores de la Forma que crean sus grandes cordilleras, el Dios de cada montaña alineadas en las Américas, Norte, Sur y América Central, el Reino Elemental, la Guardiana Silenciosa del Planetaodos estos Seres han venido. ¿Por qué? Pues, porque sus corazones son magnetos. Dentro de esa Llama está un poder que la Vida no puede negar. Ustedes han escogido invocar una bendición a la Vida, y estos Seres han respondido. Ellos se paran atentos, Sus energías controladas y dirigidas a través de ustedes individual y colectivamente, hasta el cierre de Nuestras Conferencias cuando los dejamos libres; y Ellos irán al Sur a la Antártida, al Polo Norte, al Este y al Oeste hasta que cumplan, llevando la bendición desde el corazón de cada uno de los que ha escogido ser parte de este Servicio.

Cuando ustedes coloquen su Llama dentro de la Llama en el corazón del salón, habrán hecho exactamente lo que Sanat Kumara hizo cuando colocó el bracero de Shamballa con la Llama Insustenta dentro del Corazón de la Llama de la Libertad en Marsella. Cada Maestro que entraba a ese hermoso y exquisito Retiro, vertía la Llama de Su Amor dentro de la Llama de la Libertad para intensificarla. Luego, el esfuerzo colectivo se sostiene hasta el momento de la despedida por el director al cierre de la reunión y la Hueste Ascendida lleva la bendición descargada a todas partes hasta donde lo permita la esfera de influencia y el campo de fuerza creado por la actividad del grupo.

No Hemos traído aun la belleza y la perfección que vendrán cuando los Ángeles, Elementales y el hombre trabajen juntos, pero aquéllos de ustedes que son directores, recordarán antes de cerrar la reunión, dar esa descarga a los Seres que Han servido y que están reunidos allí. *¡Pídanle audiblemente que vayan y lleven la bendición de esa clase a todas partes!* Cuando digo, “aquellos de ustedes que son directores”, le hablo a cada estudiante bajo esta radiación, ya que ustedes han sido individualmente preparados para dirigir a cientos y miles de personas.

¿Por qué piensan ustedes que Hemos invertido Nuestro tiempo y Nuestras energías, descorriendo el velo día tras día y dándoles los detalles de las experiencias íntimas de *Nuestras Vidas,* sino porque entretejiendo dentro de la conciencia de sus propios mundos Nuestros Sentimientos, Entendimiento e Iluminación, serán capaces de pasarlo a sus hermanos de viaje? ¡Ya no esconderán por más tiempo su luz y entendimiento debajo de una cubierta! ¡Tendrán que llevar esa Luz hacia adelante desde cada reunión, una copa rebosante de modo que toda Vida que contacten pueda ser liberada y bendecida con eso!

¡Oh, Dios, Gran Corazón de la Creación, ante cuyo Trono Me arrodillé y tomé el voto de servir a la Luz dentro de las almas de los hombres! ¡Oh, Dios, en el nombre de la Vida, hago el Llamado! ¡Despierta a la humanidad a su oportunidad y dales el Amor por las almas de los hombres, el cual tenían cuando dejaron voluntariametne el Trono de Tu Propia Amable Presencia para liberar la Vida! ¡SACÚDELOS Y LIBÉRALOS, OH DIOS EN EL CIELO, de todo pensamiento de sí mismos! ¡Permite que éstas, Mis Legiones, se levanten y se muevan hacia adelante liberando la Vida!

Les doy las gracias, Mis amados, por su atención. ¡Les aseguro que Mi Amor por ustedes es Eterno! Me he auto-negado el gozo de vivir en el mundo de los Ángeles todos y cada uno de ustedes. Ustedes no saben exactamente lo que ese sacrificio entraña. ¡No han oído por un largo tiempo, el Sonido del Coro Celestial, o visto el esplendor de la Faz del Padre! ¡La Misericordia ha oscurecido su memoria mientras que el *karma* los mantiene atados! A ustedes les gustaría recordar, sí, pero hasta que su *karma* los haya liberado, hasta que estén solos por propia voluntad y no porque sus alas estén sujetadas y estén ustedes maniatados por las creaciones de su propia acumulación, sería sensato que conocieran la Gloria de ese Reino que "ojos no han visto y oídos no han oído"—de la Gloria y la Perfección que vive allí y que es su hogar, donde moran sus amados así como los Seres Celestiales que son, en muchos casos, complementos suyos.

Estén contentos (si lo tienen a bien) para que la Llama de la Misericordia destruya el velo que oscurece la memoria de la Luz Brillante, pero no se contenten viviendo en el letargo cuando los hijos del hombre y las almas de los hombres LLORAN por libertad, cuando la vida aprisionada por doquier GRITA por su liberación espiritual.

¡Les doy las gracias por su paciencia con Nosotros y espero que no les hayamos producido un indebido sentido de responsabilidad personal! Queremos que perciban un sentido de oportunidad, ya que su oportunidad es grande. De ustedes que permanecen funcionando en cuerpos mortales dependemos Nosotros para cada cosa que deseamos lograr, así como para la oportunidad de contactar al resto de la humanidad.

¡Que el Amor del Padre Eterno Uno los envuelva ahora a todos y cada uno en su Liberación Eterna!

16

INFORME DEL SEÑOR MIGUEL AL TRIBUNAL KÁRMICO

(tomado de *Dictations*)

Amados amigo:

Será mi gran privilegio y honor dar el total del reporte final de los Maestros Ascendidos, así como de los chelas concientes, que han sostenido posiciones de autoridad y confianza a través del año. En esta ocasión, les ofreceré a los Señores del Tribunal Kármico prueba de la fidelidad de las corrientes de vida encarnadas a una causa y sus fundadores.

Las Clases de la Transmisión de la Llama han prestado un tremendo servicio eliminando los vórtices concentrados del mal en el ámbito psíquico y astral que se han solidificado durante cientos de miles de años, constituyendo una tremenda presión en los cuerpos internos de la raza. Veinticinco por ciento de ese momentum ha sido eliminado en el año de 1953. ¡PIENSEN EN ESO! Eso se ha erigido durante cientos de miles de años, y al mismo tiempo que trabajamos constantemente para extraer y disolver dichos vórtices, son reconstruidos otra vez tan rápidamente a través de las emociones incontroladas de la raza, que ha sido una tarea casi interminable. Las Llamas de los

Retiros que han calificado el Fuego Sagrado barriendo alrededor del Planeta, han disuelto estas terribles creaciones, y desatado la Vida Divina aprisionada, la cual está retornando al Sol para su repolarización. Se han eliminado muchos de los focos de mal que han engendrado los crímenes efectuados por los miembros débiles de la raza, y los centros que conforman los vórtices de los huracanes, tornados y la sublevación planetaria de la naturaleza, han sido aniquilados en un cincuenta por ciento.

ENTIDADES DE LAS IGLESIAS

Las "entidades" de las iglesias, (seres artificiales creados por las energías de los grupos que planean medios y maneras específicas de adoración a Dios) han sido todas infiltradas por un Ángel de la Verdad de las Legiones de Hilarión. ¿SABEN QUÉ SIGNIFICA ESTO? La religión original, usualmente inspirada por algún Maestro, fue revestida por los conceptos humanos y opiniones de sus custodios y exponentes, hasta que, su mayor parte, ha perdido la pureza de su concepción original. Entonces, las masas, siguiendo la entidad artificialmente creada, se convierten en víctimas de conceptos humanos. Dentro de esas "entidades" entró un Espíritu vivo de la Verdad, de la misma manera en que una persona entra a una habitación. Desde el interior de varias sectas religiosas, ha comenzado a emanar esa Verdad, y las corrientes de vida sensibles en esas iglesias, cultos o "-ismos" comenzarán a "sintonizarse" con la Verdad detrás de la forma, y elevarán la adoración a su más alta manifestación posible. Se dará una tremenda purificación en la ortodoxia, así como en la adoración metafísica en el nuevo año.

Todos los desencarnados que perdieron sus cuerpos en la guerra de Corea, en la Segunda Guerra Mundial, en la Primera Guerra Mundial y en las guerras hispanoamericanas, fueron extraídos de la atmósfera inferior, ubicados en salones de clase y están siendo preparados para reencarnar a fin de que puedan "corregir las cosas". A muchos, por supuesto, se les ha prestado ese servicio, y muchos ya han reencarnado; pero aquéllos, quienes tienen odios extremos o instintos particularmente violentos, han permanecido, hasta ahora, ensombreciendo a sus compatriotas y tratando de llenar con sus odios a las nuevas generaciones.

Siendo que los Llamados a Mí (Miguel) han comenzado, no hay corriente de vida que haya abandonado el cuerpo, que no haya recibido una visita personal para llevarlo a un sitio de purificación y prepararlo rápidamente para entrar en algún Templo de Instrucción, aún a aquéllos cuyo momentum de mal los ha condenado a mucha agonía antes de que tal ayuda pueda dársele ordinariamente. Le agradezco infinitamente a quienes han tenido tal fidelidad en estos Llamados diarios, particularmente por las almas que no tienen a nadie que rece por ellas.

LLAMADOS PIDIENDO PURIFICACIÓN

A las corrientes de vida entrantes se les ha extraído el diesiocho por ciento de su *karma* de la masa, sin Aplicación alguna de su parte, debido a los Llamados pidiendo la purificación de los niños entrantes. ¿Puedo agradecerlese a quienes han asumido la responsabilidad de pedir por la purificación de los hogares, familias, guardianes, facilitadores y protectores de las almas que regresan, de los cuales depende la construcción de la Nueva Era?

El velo humano de la conciencia de los estudiantes ha sido disuelto cerca del treintisiete por ciento. Esto significa que los pensamientos- y sentimientos-forma condensados —los cuales han sido arrojados por las corrientes de vida, y que conforman la atmósfera personal del individuo— han sido purificados y disueltos. Es, por consiguiente, más fácil para el estudiante sincero sentir a la Presencia y aceptar la realidad de los Maestros. Yo me estoy esforzando en completar esta actividad en un futuro cercano.

LIBERACIÓN DE ENCARNAR

Todo chela y persona que haya aceptado plenamente Nuestros esfuerzos, está recibiendo, como un regalo de Mi corriente de vida, la Liberación de cada miembro de su familia que haya pasado a través del cambio llamado "muerte", de la necesidad de reencarnar en la Tierra. A cada uno se le dará la oportunidad de terminar sus estudios en uno de los planetas puros del Sistema, o en las Esferas Internas que corresponden a su Rayo natural. Para esto, Le he prometido a la Ley un servicio adicional. Esta es Mi gratitud por su fidelidad y aceptación de la realidad de los Maestros, y la incorporación de sus energías en expandir la palabra y la radiación a través de su servicio voluntario, sus talentos y momentums en la luz.

Se han establecido Templos de Fuego Violeta en lo mása bajo del ámbito síquico y astral. Esta es una actividad sin precedentes, la cual permite que la Radiación Purificadora de Gracia y Compasión actúe sobre las almas que están forzadas a habitar allí, y también provee sitios de refugio para aquéllos que respondan a la oferta de socorro y auxilio.

Cientos de miles de Elementales han sido permanentemente liberados de formas distorsionadas, así como también de otros conceptos desintegradores sobre los cuerpos de duendes y gnomos, los cuales están ahora bajo su diseño de belleza natural. Esto libera a la naturaleza de mucho de la energía dañina.

La presión de la masa en los animales que matan para vivir, ha sido disminuida en un diesiocho por ciento, de manera que su instinto de depredación de la carne viviente no será tan fuerte. Esto será también sentido en los seres humanos que viven mayormente de los productos de la carne.

Los apetitos y deseos por droga, tabaco, licor y satisfacción sexual por placer han sido disminuídos cerca de un diesiocho por ciento. Esto significa que la presión que opera a través de la debilidad de la conciencia externa no será tan fuerte, y el deseo de llenar estas "necesidades" no será tan compulsivo.

La edad para los Santos Cristos Propios entrantes dentro de la generación joven ha sido disminuida de doce a diez años y Me estoy esforzando por bajarla a seis años antes del cierre de la clase.

LAS FUERZAS QUE DESINTEGRAN LA VIDA DE LA FAMILIA —ENTIDADES DE TREMENDA PRESIÓN QUE PERSIGUEN DESTRUIR LA UNIDAD— HAN SIDO TRASQUILADAS A LA MITAD, Y UNA GRAN ARMONÍA Y UNIDAD EN LA FAMILIA COMENZARÁN A SER EVIDENTES.

Todas estas cosas se han hecho por medio de la Aplicación de los estudiantes, quienes han abierto sus conciencias a Nosotros a través del Nuevo Empeño. Esto es magnífico, de veras, y estoy en extremo agradecido.

Las causas de plagas, epidemias y enfermedades han sido mitigadas, y a través de la cooperación voluntaria de ciertos chelas, la liberación de la cura para el cáncer es inminente.

Cientos de miles de Ángeles quienes nunca estuvieron en la atmósfera inferior de la Tierra están ahora permanentemente estacionados allí. El Señor Buddha ha regresado, y habita en la atmósfera de la Tierra, habiendo prometido permanecer allí hasta que la liberación del amado Sanat Kumara sea asegurada. Visitantes de muchas galaxias han ofrecido Su Luz al amado Sanat Kumara y a la Jerarquía por la duración de este "Empuje" Cósmico.

¡NUESTRO AMADO SAINT GERMAIN TIENE SU VICTORIA ASEGURADA!

¡TODAS LAS CORRIENTES DE VIDA DENTRO DEL NUEVO EMPEÑO, SI PERSEVERAN, CONOCERÁN LA ASCENSIÓN AL CIERRE DE LA PRESENTE ENCARNACIÓN. TODO ESTO Y MÁS SE HA LOGRADO EN DOCE CORTOS MESES, MÁS DE LO QUE SE LOGRÓ EN LOS QUINIENTOS MIL AÑOS ANTERIORES!

AMOR—AMOR—AMOR a Ustedes por su servicio

17

EXTRACTO DE UNA CONFERENCIA DEL ARCÁNGEL MIGUEL EN EL ROYAL TETON

(Tomado de *Dictatons*)

La elevación de la conciencia *[consciousness]* es un asunto científico, Mis amados Corazones, la cual muchos serios y sinceros estudiantes no entienden aun. La conciencia de que ustedes disfrutan en la octava física o en los Niveles Internos, etéricamente, no puede ser elevada muy rápidamente dentro de la acción vibratoria de una muy rápida y sutil naturaleza, ya que la mente conciente y el ego mismo, simplemente "se desmayarían" *[black-out]*, por así decir, y no habría conciencia alerta *[awareness]* en esos ámbitos.

Por eso, en Misericordia, cuando encontramos a un alma que pasa a través del cambio llamado muerte, debemos medir cuidadosamente la cantidad de Luz que esa alma puede comprehender, disfrutar, digerir, asimilar y hacer suya. El cielo particular u Octava de Luz a la cual la llevamos corresponde a la ***máxima conciencia despierta*** que el alma puede mantener dentro de dicha esfera.

De allí que tenemos lo que ustedes podrían denominar "cielos graduados", los cielos del mundo de los ortodoxos, los cielos del mundo de los metafísicos, los cielos de los estudiantes esotéricos, los chelas y hacia arriba el de los adeptos, hasta que finalmente la conciencia logra la capacidad de retener la auto-conciencia *[self-awareness]* en la Octava de los Maestros Ascendidos. Tal ser es entonces Candidato para la Ascensión.

Es exactamente lo mismo en el tipo de Radiación, Instrucción y Presencia Personal que les traemos. Debemos medir cuidadosamente la Luz, la capacidad, la digestión espiritual y el poder de asimilación dentro de cada uno, y no traerlos más acá del punto de conciencia alerta *[awareness]*, ya que no recibirían ningún beneficio, y quizás, en esa asimilación, puedan encontrarse en posesión de más información de la que puedan ser capaces de controlar, manejar, dirigir y calificar armoniosamente.

TEMPLOS DE LA ASCENSIÓN

Yo tomé un voto ante el Gran Sol del Sistema de que Me quedaría hasta que cada corriente de vida, toda chispa espiritual llamada adelante por ese Sol, haya logrado la maestría y regresado en Dignidad Divina al Reino de la Luz Eterna. ¡ÉSTA ES MI RAZÓN DE SER!

Hablo esta noche, desde un Corazón que está lleno de Amor por ustedes. Hablo en Nombre del Reino Angélico y Mis amados Hermanos, la Gran Hueste Ascendida de Luz, quienes representan los Siete Sentimientos Cósmicos de la Naturaleza de Dios.

Esta noche, tengo el privilegio de traer desde el Corazón de los Templos de la Ascensión a todos los amados a quienes tengo el gran gozo y honor de asistir, la eliminación la necesidad de re-encarnar en el plano terrenal. Ellos han pasado algún tiempo de cada período de veinticuatro horas dentro de estos Templos de la Ascensión, los cuales han sido establecidos en las Siete Esferas.

En vista de que sus seres queridos pertenecen a las Siete Esferas, y que tienen que ser asistidos en la esfera a la cual pertenecen, hay Templos de la Ascensión en todas las Siete Esferas. Hemos pedido a los amados Ángeles del Relámpago Azul que acompañen a estos benditos al tiempo que entran ahora a la atmósfera baja de la tierra. Ellos vienen sobre el Puente de Luz que los Devas han sido establecido, a fin de comparecer ante el Tribunal Kármico. Estos benditos han sido expuestos a la Llama Violeta y a una Instrucción Espiritual gradual que sus conciencias pudieron aceptar. El Tribunal Kármico considerará su *record* tal como lo hiciera hace poco.

No es una tarea fácil, Mis amados, proveer a todas estas conciencias diferentes un Maestro Espiritual que pueda darles la conciencia suficiente de la Ley para adelantarlos al tiempo que proceden en su camino hacia la Verdad. Como ustedes saben, algunos han sido muy ortodoxos y muy inclinados a una opinión restringida. ¡El adelanto que vi en cada uno antes de conformar la procesión, es notable!

PETICIÓN ESPECIAL

El Tribunal Kármico considerará su luz. Presentaré entoances Mi petición en cuanto a que tantas corrientes de vida como sea posible que pasen por la encarnación este año, sean liberadas de la necesidad de renacer, y sean ingresadas a uno de estos Templos; y que esa concesión sea repetida anualmente hasta que ninguna corriente de vida que salga sea forzada a regresar.

Es mucho más fácil para un estudiante lograr la Liberación en la Luz en la vestidura etérica, y ello permite a la Tierra ascender a Su Dulzura y Belleza si el peso de estas personas no regresa en un corto tiempo para otra vez convertirse en parte de Su herencia.

18

EL AMADO MIGUEL HABLA

(tomado del *Diario de El Puente*,11 de Diciembre de 1953)

¡Salve, oh, Padre de la Luz y la Vida Eterna! ¡Me encuentro en el planeta Tierra en medio de los espíritus que Me comprometí a llevar *a Casa*! ¡Salve, Eterna Madre, la basta de cuyo vestido besé antes de dejar la Luz Celestial de Tu radiante Presencia, y a quien prometí que no regresaría por sí mismos hasta que todas las chispas espirituales que nacieron de Tu seno, engendradas en Tu Luz y destinadas a la Inmortalidad, no estuvieran Libres-en-Dios!

Esta noche, sostengo dentro del alcance de Mi aura a una poderosa ciudad palpitante. Millones y millones de almas durmientes se agitan en su sueño esta noche, y *ellos se despertarán...* ¡ya que ellos son *Mi gente!* Estoy aquí porque entre los que habitan en esta tierra de sombras hay algunos que han recordado la Luz, algunos que han creído que los Ángeles y Devas y Maestros existen, y porque la puerta ha sido abierta mediante el libre albedrío de Mi Presencia.

¡Oh, Todopoderosos Padres de este Universo, en Su Nombre hago la súplica por la redención de estas almas pecadoras de los hombres! ¡Por cuenta de las energías libres voluntariamente vertidas hacia adelante sobre el altar viviente de la vida por estos, los Espíritus Guardianes, por favor concedan la liberación de estas almas! ¡Dispensaciones que nunca se han conocido, YO LAS INVOCO desde al Sol detrás del Sol! ¡¡¡Yo Miguel, INVOCO LA LUZ desde el Sol detrás del Sol!!! ¡Mi voz no se acallará! ¡Mi Presencia no dejará de pararse dentro de las sombras mientras que quede siquiera uno atrapado! ¡BASTA! ¡YA BASTA! ¡"YO SOY" la Vida hablando! "YO SOY" esa Vida, autoconcientemente e inteligentemente dedicada a la preservación del destino espiritual de cada alma que alegre y gozosamente dejó el seno del Eterno y entró a la forma. ¡Ésta es Mi razón de ser! ¿Qué otra razón tendría para recibir el incesante flujo del Dios Universal, sustancia electrónica, a menos que Yo sirva y libere la vida?

Hablo a través de las mismas energías dedicadas, consagradas, moldeadas, sostenidas por seres no-ascendidos, y dichas energías son parte del mundo mental y de sentimientos, de la estructura física en sí y de la conciencia etérica de todo hombre, mujer y niño que pertenecen a esta evolución, estén encarnados o no. ¡BASTA! ¡LA LUZ, LA PERFECCIÓN Y LA MANERA DE DIOS se manifestarán! Siempre y cuando entre las almas de los hombres todavía atadas por el *karma* y las limitaciones pueda encontrarse gente como ustedes que estén dispuestos a calificar la vida constructivamente, hay esperanza de redención para cada electrón que esté vestido y calificado con impureza, que, no obstante... ¡sigue siendo la parte del respirante y viviente cuerpo de Dios mismo!

¡Los amo! Vine desde el corazón del Eterno, y Me he dedicado a supervisar la expansión de la luz de su alma, el desarrollo de su madurez espiritual, hasta la hora final cuando, en dignidad y Maestría Divina, se paren revelados como príncipes o princesas reales en la casa del Rey Celestial. ¡Yo vivo para ese día!

¡"YO SOY" su amigo! ¡Fiero, es verdad! Mi determinación es que no se queden más en las sombras de las centurias, en la limitante conciencia fabricada de sus sueños. No obstante, soy tan cariñoso como una madre[¶] en el desarrollo y despliegue de su luz... la más pequeña chispa de fe... el más pequeño aliento de esperanza... ¡la más tenue de las oraciones! ¡Oh, Dios, cómo amo a cualquier pequeña ascua vacilante desde donde Mi amor pueda otra vez inflamar la Llama del Entusiasmo y Amor de Dios para liberar a la vida!

¡A Ti, oh, amada Libertad *[Liberty]*, Guardiana Silenciosa de esta ciudad![‡] Que la humanidad algún día sepa lo que los Ángeles, las Guardianas Silenciosas y los Devas han hecho al conducir la radiación de los Cielos a través de la atmósfera inferior de la Tierra, haciendo que la mera respiración física inspirada por las fosas nasales sea dadora de vida... ¡en vez de llenarse con un veneno que destruiría la forma física!

¶ En un discurso dado el 2 de Julio de 1956, el Arcángel Miguel, al referirse al Amor de la Madre María por los Ángeles (a cuyo Reino, incidentalmente, Ella originalmente pertenecía) dijo: «Una vez, hace mucho tiempo—cuando Ella (la Madre María) era una niñita y estaba sola en el Gran Templo—tomé sobre Mí el aspecto de Confortación Amorosa y se lo llevé. A veces, por las noches visitaba su pequeña habitación, antes de que Ella se acostara a dormir, y la entretenía así como también la instruía con cuentos de Nuestro Reino. A veces Le traía Ángeles pequeñitos a los cuales Yo dirigía mediante ejercicios rítmicos y otras manifestaciones de belleza y gracia, ¡allí mismo sobre el respaldar de su cama! Ustedes saben que Ella sólo tenía tres años de edad cuando la internaron en ese Templo; y durante el tiempo de Su estadía allí, traté de ahuyentar algo de Su soledad y de traerle algo de felicidad.» *(Diario del Puente, Septiembre, 1957; "Libro de la Vida")*

‡ «A Ti, que has cubierto tus ojos celestiales de manera que no tengas que ver la iniquidad... a Ti, cuyas alas brillantes han estado plegadas por demasiado tiempo por cuenta del exilio auto-escogido en el que te encuentras, siendo Tu radiación lo único que impide que las almas de esta metrópolis caigan en la segunda muerte¡ ¡Oh, Libertad! ¡Te traigo noticias de Casa! ¡Te traigo Amor desde Dios Padre. Te traigo una corona tejida de guirnaldas de las flores ígneas del Sol por las manos de Tu Propia Madre, y la coloco sobre Tu frente! ¡Qué bueno sería que estos niños pudieran conocer Tu cuidado alerta y constante! ¡Cuán a menudo Has inspirado esperanza dentro de sus corazones durante la noche cuando, aparentemente íngrimos en los confines de sus solitarias habitaciones, cundía el desaliento! ¡Al lado de cuántas camas Te has parado, en cuántos burdeles! ¡Oh Libertad, Hija del Cielo, Te traigo amor desde Casa! ¡Te traigo valentía! ¡Tú habrás de regresar! Ya vendrá el día en que, de en medio de esta misma gente, se levantará uno que se parará como el guardián de una nueva ciudad que se elevará en gran perfección donde ahora se encuentra la Ciudad de New York... ¡y en Mis Propios brazos, Oh, Hija del Padre, Te habré de llevar!»

¡Oh, brillantes Devas de las Catedrales! ¡Benditas Guardianas de las Iglesias! ¡Oh, gloriosos Ángeles que están de guardia en el Bowery y Chinatown[§] ... ¡Los amo¡ ¡Les traigo el Amor de Casa! ¡Oh, Ángeles Ministradores sobre las grandes instituciones! ¡A ustedes, que están concientes que los Siete Arcángeles están en la atmósfera de esta ciudad esta noche, les traigo valentía! En su ciudad vive gente que sabe de ustedes; gente que los ama; gente que, un día, caminará por esos hospitales e instituciones y, conectándose con la acción vibratoria de Sus seres vitales, exteriorizarán curaciones, equilibrio, pureza, liberación ¡y paz! Ya no permanecerán sin usarse esos Griales que ustedes llevan encima, plétoros con el Elixir dentro del cual está la sustancia en sí de la curación milagrosa y la renovación.

LIBERAR LA VIDA APRISIONADA

¡Oh, Grandes y Poderosos Devas, Ángeles, Poderes, y toda Guardiana Silenciosa en esta ciudad, ***INVIERTAN*** esas copas esta noche! ¡¡Dejen que esa sustancia FLUYA!! ¡¡Dejen que esa sustancia FLUYA!! ¡¡Dejen que esa sustancia FLUYA!! ¡¡Y LIBERE LA VIDA APRISIONADA!!... ¡Oh Dios!... ¡Hijos de la Tierra, ustedes viven en medio de un reino habitado por Seres de perfección, exilados voluntarios de la Gloria de la Corte Celestial! ¡Recuérdenlos al tiempo que caminan por las calles, que visitan a sus enfermos, que pasan por sus iglesias! ¡Reconozcan a esas Guardianas Silenciosas arriba, a esos Poderosos Devas cuyas ministraciones ha salvado de la locura colectiva a la humanidad de la Tierra! ¡Los reto a hacerlo! Ellos tienen nombres, sentimientos y propósito. Tienen Amor y Esperanza, al igual que ustedes. Ellos se han parado durante muchas centurias—puede que en este país no tanto tiempo, pero en Europa por miles de años, en Asia por cientos de miles de años—y sus regalos son...¿QUÉ? *¡Vida calificada!*

[§] Nota del traductor: Esta es una refencia a la ciudad de New York, de la cual la Señora Libertad es la Guardiana Silenciosa.

"Muy bonito hablar cósmicamente", dirán ustedes, pero tomemos una simple explicación que les permitirá vivir mejor. ¿Que sostienen los Devas? ¿Qué sostiene la Señor Liberty? ¿Qué irradio Yo? ¡Pues, *vida calificada*—eso es todo! A través del libre albedrío, segundo a segundo, minuto a minuto, hora tras hora, año tras año, centuria tras centuria, se constituye en una herencia que es beneficiosa para con la raza. ¿Qué le ofrecen ustedes a la Vida? *¡Cada uno de ustedes ha vivido casi tanto como Yo!* ¡Ustedes salieron del mismo Padre-Madre Eterno, han tenido el mismo libre albedrío y escogencia, la misma inteligencia, y exactamente la misma Luz! ¡PIENSEN EN ESO!

CALIFICAR LA VIDA

El Maestro Jesús dijo que sería sensato que pusieran sus tesoros en el Cielo.*[cf Mateo 6:19-21]* Él quería decir que atesoraran—dentro de la gloria de su Cuerpo Causal—*momentums* de bien que pudieran ser usados y utilizados de tiempo en tiempo de forma beneficiosa para toda vida. Ustedes tienen muchos *momentums* — irritación, depresión, etc. No pretendo incomodarlos. Sólo quiero darles ejemplos, ya que los ejemplos domésticos dan en el blanco con la verdad mejor que aforismos espirituales.

Ahora bien, a menudo escucho—hasta en este salón esta noche—a corrientes de vida que dicen: "Oh, todo esto está muy bien para el Señor Miguel, o para Jesús, o para cualquier otro gran Poder; pero, ¿qué puedo yo hacer, limitado como estoy y con una salud pobre, quizás habiendo gastado ya la mitad de mi vida...?" *¡¡¡¡PUEDEN CALIFICAR LA VIDA!!!!* ¡No pueden dejar de calificar la vida y seguir existiendo!

¡Mis amados, piensen a cabalidad en términos prácticos! No es para entretenerlos que Hemos venido a alcanzar su conciencia. Hemos venido a enseñarles la Ley sencilla de que es mediante el pensamiento y el sentimiento que se califica la Vida. *Es muy poco lo que el pensamiento hace. El sentimiento es un DÍNAMO*, y hasta el alma más debilucha y endeble, cuando se inflama por la auto-justificación, *califica el sentimiento con un poder que se compara con el Mío*. ¡Es maravilloso! ¡Es un Don de Dios el que ustedes puedan calificar la vida! Han construido *momentums* —como dije antes—, algunos de los cuales son sombras; pero también han construido bellos *momentums, momentums* de fe, esa fe que le hace frente a probabilidades insuperables, que le hace frente a la razón; fe que le hace frente a las apariencias humanas. Como dijera Job, *"¡He aquí, aunque [Dios] me matare, en Él esperaré!"* [Job 13:15] Ustedes han construido *momentums* de gran riqueza, belleza y refinamiento. Han construido *momentums* de sanación y enseñanza; cada uno de ustedes trae una herencia diferente al Corazón y Trono de Sanat Kumara, y la ofrece como su regalo a la vida. Es un panorama magnífico. ¡Nunca más He vuelto a ver algo así desde que este planeta Tierra asumió la discordia y las inarmonías que la tienen maniatada! Dentro del Cuerpo Causal de las aparentemente limitadas corrientes de vida que están entre ustedes, hay *momentums* tremendos con los que cuenta la Jerarquía para la salvación de este Planeta.

OPORTUNIDAD MÚLTIPLE

Hace muchos años sus Maestros les enseñaron a alcanzar dentro de su Cuerpo Causal, a atraer hacia adelante dichos *momentums,* y a CARGARLOS, CARGARLOS Y CARGARLOS dentro de su mundo y los mundos de otros. ¡Les recuerdo eso! Si no cuentan con tales *momentums,* tienen la *oportunidad* porque están calificando la vida aún al tiempo que están sentados aquí mirándome esta noche. La estarán calificando mientras que su cuerpo duerme; y cuando se despierten mañana por la mañana, la seguirán calificando, ya que el chorro constante de Luz Electrónica que fluye desde el Corazón de Dios nunca para. ¡Es inexorable, ya sea despierto o dormido, día y noche!

Los pequeños y diminutos electrones llevan un patrón perfecto dentro de ellos que fluye hacia abajo al interior de sus corazones y sale a su mundo, convirtiéndose en la Luz del Mundo o en el cascarón de muerte. Así que...¡es allí donde entra la Aplicación!... la *oportunidad* de construir *momentums* allí donde hacen falta; *oportunidad* para invocarlos adelante cuando estos ya están activos en su Cuerpo Causal; *oportunidad* para usarlos doquiera que los tengan, para el bien de la totalidad. Entonces verán a los Grandes Seres tejer todos esos colores, todos esos *momentums,* en el trabajo de clase, en el trabajo grupal, en un esfuerzo como éste, en un tapiz que se ofrece como parte del gran Plan Divino.

¿ÚNICA ESPERANZA?

Sin embargo, quiero decir que ustedes de ninguna manera son la única ESPERANZA del mundo, si bien son parte integral de la misma, porque desde Nuestro lado se les ilumina en cuanto a lo que Nosotros estamos haciendo, a cómo lo estamos haciendo, y a cómo ustedes—a título individual—pueden cooperar con Nosotros para ayudar a los que tienen *momentums* mayores que los suyos pero que adolecen de contacto. Esta gente no tiene la fe en sí para tirar un puente sobre el abismo de la razón y entrar al ámbito en que moramos Nosotros. Los estamos utilizando a ustedes, el cuerpo estudiantil, y a quienes han aceptado a los Maestros Ascendidos como *reales,* para tirar el puente sobre ese gran abismo. En sus enseñanzas ocultas y espirituales, se ha hecho referencia constante a esa sima. Son muchos los que no pueden atravesarla. En los canales ortodoxos hay muchas corrientes de vida altamente evolucionadas y desarrolladas que, por razones de superstición, por miedo al ridículo o discriminación y otras debilidades que se encuentran dentro del alma, son incapaces de agarrar la mano invisible del Maestro, o de aceptar la realidad de la radiación y el poder que ustedes—tanto individual como colectivamente—han sido capaces de generar. ¡He allí su tremendo servicio y oportunidad!

Mis amados, constantemente recuerdo que no debo descargar una energía tan tremenda. Estoy acostumbrado a trabajar constantemente en una capacidad Cósmica, por lo que les pido su indulgencia. Me inflamo de entusiasmo por expandir su luz y ponerlos en libertad. ¡Perdónenme!

CAMINO DE RADIACIÓN

¿Como puede una Jerarquía realizar el Plan Divino de Dios a través de seres no-ascendidos, a menos que los Mayores puedan hablarle a los menores acerca de lo que están haciendo, y darles a éstos la oportunidad de ofrecerse de voluntarios para asistir los Mayores? ¿Cómo puede una Jerarquía santificada, puesta sobre pedestales de mármol, a la cual se le ha negado el uso de la inteligencia y de la voz por siglos, hacer gran cosa a no ser por la radiación? A ustedes hemos confiado Nuestros planes y esperanzas. Aquellos de Nosotros que hemos caminado el sendero de la Tierra hemos confiado a ustedes nuestras pequeñas experiencias personales y la forma en que logramos Nuestra Victoria. Nos hemos esforzado por compartir con ustedes el hecho que somos hombres y mujeres como ustedes; Nos hemos esforzado por acercarlos a la realización de Nuestra realidad y nuestra accesibilidad.

Ustedes no estarían aquí si no hubieran aceptado la posibilidad que *Nosotros existimos.* Todos ustedes no lo aceptan plenamente, pero sí una gran mayoría. Estoy agradecido por este hecho. Estoy agradecido por cada oportunidad que le dan a cualquier Miembro de Nuestra ansiosa Hermandad por alcanzar a través del velo. ¡Que Dios los bendiga por eso!

EL HIJO MÁS AMADO DEL CIELO

El Maestro Saint Germain... *¡no puedo concluir sin hablar de Él!* ¿Han pensado en el hecho que Él fue escogido para representar al Padre de Jesús? A lo largo de los años impresionables cuando el Bebé no tenía remembranza alguna del Padre Eterno a quien estaba destinado a exteriorizar, José estaba en los alrededores... y dentro de Su amor, compasión y fraternidad, y de Su gran misericordia omniabarcante (empero con toda Su fuerza y Su poder de protección), Él fue para ese Infante y niño en crecimiento la encarnación del Padre Eterno,que un día Jesús, de por sí... ¡atraería a través de su Propia carne!

¡Sí! Jesús nació sin *karma*. Nació sin pecado, como dice el mundo ortodoxo. Nació a un gran destino, un destino por el cual—a través de Su Propio cuerpo de carne (y, aún más difícil, a través de Su cuerpo etérico, Sus propios sentimiento y Su forma mental)—Él habría de exteriorizar para toda la Dispensación Cristiana, la Naturaleza de Dios Mismo. Jesús se sometió, como lo hiciera María antes que Él—y ustedes y otros lo han hecho desde entonces— a la Ley de esta octava cuando las bandas del olvido fueron atadas alrededor de dicha alma, brillante y reluciente como era antes de Su sacrificio, naciendo como un diminuto infante. Transcurrieron muchos años antes de que el Santo Ser Crístico pudiera destellar a través de la conciencia el Concepto Inmaculado del Padre Eterno; pero la sabiduría de la Ley, Mis amados, le dio un padre encarnado tan magnífico como el mejor de los seres humanos que ha caminado la Tierra, un tributo magnífico a la fuerza de Saint Germain; ¡un magnífico pensamiento para que lo mediten! No fue hasta que el amado Jesús hubo logrado Su mayoría de edad, que dejó de requerirse de la imagen de José expresaba. Fue ese día cuando María y José le dijeron "Adiós". Fue allí cuando Su alma se escabulló de su tabernáculo terreno. Me tocó enjugar las lágrimas de los ojos de María con Mis propia manos cuando Ella le decía adiós a Su Protector. ¿Acaso no saben cuanto Ella lo ama? ¿Acaso no saben cuanto Jesús le ama, y cuanto lo amo Yo? ¡De todos los Hijos e Hijas del Cielo, puedo decir con toda honestidad que Él es el más amado, y que *ustedes son Sus hijos!*

Tienen ahora dos mil años por delante, y ¿que pueden hacer ustedes por Él? *¡Hagan de esta Actividad lo que Él espera que sea!* ¿Saben? Démosle un regalo al Maestro. Que sea tanto de su interés como de Él hacer que estos Querubines vengan, algo que es de un interés muy profundo para Su Corazón, algo que se quedará con ustedes durante todo este año.

SERES EMOCIONALES

Saint Germain ha querido establecer una Hermandad de Ángeles y Hombres. Para este propósito, trajo una cierta cantidad de Seres Querúbicos a la Tierra con alguna trepidación, mucha oración y esperanza, y Ellos se han quedado.

Déjenme decirles lo siguiente: Los Querubines, Ángeles, Devas y todos los que trabajan con el Reino Angélico son Seres emocionales. Son radiaciones de sentimiento. Ellos son cualidades. En otra palabras, son ***VIRTUDES***. ¡Son Verdad, Felicidad, Amor, Paz, Pureza!

¡Oh, amado Rey de los Serafines, Grande y Poderoso! ¡Estamos listos! ¡Desciendan ahora, oh, Gloriosos y dulces Espíritus! ¡Habiten en paz en el mundo de los hombres! ¡Muéstrenle a Su Maestro que pueden caminar de la mano con la evolución humana! ¡Sepan que están tan lejos de Mí como una oración o un Llamado! ¡Sepan que estos corazones son dulces y fervorosos! ¡Muéstrenles el Gozo de los Ángeles... y la Belleza... y la Paz! Mis pequeños, los dejo ahora en la compañia de hombres y mujeres dedicados al Rey de Reyes!

Mis amados, acepten a los Querubines como sus amigos! ¡Gracias y buenas noches!

19

A LOS QUE DESEAN SERVIR CON EL ARCÁNGEL MIGUEL

Dice el Arcángel Miguel:

De ser posible, pediría que hicieran el llamado tres veces al día por aquéllos que están pasando por la transición llamada "muerte". Pidan que sean llevados a uno de los Templos Purificadores que Saint Germain y Yo hemos establecido en los ámbitos astrales, para que nadie descienda hacia el terrible infierno del pensamiento y sentimiento de sus propias conciencias oscurecidas. En cada período de veinticuatro horas, muchas almas que pasan de los noventa años de edad nunca reciben una oración, y no saben qué hacer por sí mismos. Sus peticiones para estos seres infelices Nos asistiría, sin mencionar lo que haría por ellos.

Amados Amigos dedicados, es imposible darse cuenta del extraordinario servicio que están prestando a aquéllos que han pasado por la llamada "muerte". En el mundo físico, ustedes no vacilan en prestar asistencia a otros individuos que están afligidos, y mucho mayor es la asistencia que están dando a quienes han sido sacados del mundo físico y que están aprendiendo allí en los ámbitos internos a purificar sus almas. Ustedes están dándoles "ayuda a la mano" y acelerando el día para su aparición ante el Tribunal Kármico. ¡A quienes no tienen que retornar a la Tierra, los ayudan en la purificación del vehículo etérico, asistiéndoles así a lograr su Liberación completa para la Ascensión!

20

DECRETOS

DECRETO 20.1

ARCÁNGEL MIGUEL, DIVINO MENSAJERO

(Hacer Diariamente)

¡Amado Padre Celestial y Tu Divino Mensajero, el Señor Miguel! Te bendecimos por Tu presencia en este Universo. ¡Nosotros invocamos la Presencia del Señor Miguel y Sus Legiones de la Luz al interior de la atmósfera de la Tierra para cortar y liberar a cada alma perteneciente a esta evolución de toda sustancia, energía, hábitos, cualidades, tendencias y deseos que no sean de Dios!

Invocamos Tu intercesión a nombre de nuestros seres queridos que viven mas allá del velo de la muerte. Ve a ellos, y corta y libéralos de todas las ataduras terrenales de avaricia, odio, voracidad y aflicción. Llévalos a Tu Templo de la Fe y enséñales la verdadera Fe en Dios, e incúlcales en sus corazones un deseo de obedecer la Sagrada Voluntad de Dios.

Invocamos Tu Presencia dentro de cada institución de encarcelamiento de todo tipo sobre el planeta Tierra, y dentro de cada hogar y lugar de adoración. Disuelve la causa y núcleo de toda aflicción individual, nacional y planetaria. Ayúdanos, Te lo imploramos, a aprender a servir Contigo en la eliminación del ámbito psíquico y astral que yace como “humo mezclado con niebla" sobre y alrededor de la Tierra. Llévate de la atmósfera de la Tierra, a todos los espíritus desencarnados y elementales que no hayan aprendido todavía a hacer la Voluntad de Dios.

Señor Miguel, Te pedimos que vayas al encuentro de nuestros seres queridos a medida que pasan por el velo de la llamada muerte, y con Tus Propios Brazos amorosos, llévalos ante el Trono del Mismo Dios.

Amado Señor Miguel, ayúdanos a querer hacer la Voluntad de Dios aquí sobre la Tierra y de aquí en adelante. Remueve el mal de la "rebelión" y la "desobediencia" de todas las evoluciones en la Tierra, sobre Su superficie y en Su atmósfera. ¡Gracias, bendito Príncipe de la Hueste Celestial! ¡Amen!

DECRETO 20.2

PREPARACIÓN PARA LA TRANSICIÓN DEL ALMA

¡Amada Presencia de Dios "YO SOY", en el corazón de este bendito ser! ¡Me inclino ante Tu Presencia y Autoridad sobre esta corriente de vida, y acepto la Sabiduría de Tu decisión de llevar esta alma *a Casa*!

Me inclino ante la Presencia de Nuestro Amado Señor MaháChohán, el Santo Confortador, en este salón, y siento la Radiación de Su Paz como un Manto de Confort Espiritual que es el Control Maestro de todas las energías del alma y de quienes están cerca y que son queridos a este corazón. ¡Únicamente la Paz, la Armonía, la Felicidad y la Santidad se manifestarán a través de este período de transición! El alma hará la transición rápida y bondadosamente desde el tabernáculo de la carne hacia dentro de la liberación más completa del Corazón de Dios.

Bendito MaháChohán, Te pedimos que aceptes el aliento final de esta alma, al igual que pusiste bajo su custodia el primer aliento al nacer.

En el Nombre del Dios de la Misericordia, del amado Jesús, y del amado Maestro Ascendido Saint Germain, quien como San José se convirtió en el Patrón de una Transición Feliz, invoco la Ley del Perdón por todas las transgresiones contra la Vida Pura de Dios por esta alma, no sólo en esta vida terrenal, sino desde el principio de los tiempos. Pido que la Sustancia Flamígera del Perdón Crístico Cósmico, transmute todas las energías que fueron atraídas a través de las avenidas de los sentidos, audición, visión, habla, sentimiento, tacto, además de la manifestaciones más sutiles del mal evocados a través de los cuerpos mental, emocional y etérico que han creado las cadenas y grilletes del alma.

¡Le hablo en Nombre del Jesucristo Ascendido al elemental encargado del sostenimiento de la vida en el cuerpo físico: Te pido ahora que cooperes con la Voluntad del Ser Divino, liberando amablemente y sin luchar a esta alma dentro de los Brazos del Arcángel Miguel y Sus Ángeles de Redención!

¡Lo que he pedido aquí hoy, lo pido para cada alma que haga la transición desde la Tierra dentro de este período de veinticuatro horas, y particularmente para quienes no tienen a nadie que interceda por ellos!

DECRETO 20.3

POR LA HUMANIDAD QUE SALE DE LA TIERRA HOY

(Hacer Diariamente)

Amada Presencia de Dios "YO SOY" en los corazones de toda la humanidad! ¡Amado Señor Miguel, Arcángel de la Liberación y todas sus Huestes Angélicas!

¡En el nombre de la humanidad de la Tierra—particularmente de quienes serán llamados desde sus formas mortales este día—hago este Llamado! ¡Permitan que los Ángeles de la Paz sostengan el cuerpo físico de cada alma, y mantengan en Perfecta Paz la atmósfera y sentimientos donde tal liberación está teniendo lugar! ¡Que un aura de Santidad permanezca en la hora solemne de la transición, para que el alma pueda ser fácilmente liberada de su tabernáculo terrenal, sin pena, temor, ni angustia que le aflija en el Umbral de la Nueva Liberación!

¡Que los Ángeles de la Liberación vayan al encuentro de cada alma! ¡No dejen que ninguna corriente de vida perteneciente a nuestra evolución pase a través del velo de la llamada muerte "sin ser atendida"! ¡Que cada cual sea llevado rápidamente a los Templos de la Misericordia y el Perdón, y sean bañados en los Fuegos Purificadores de la Llama Violeta de Saint Germain! ¡Prepárenlos para entrar a los Salones de los Señores del Karma con dignidad y con el conocimiento conciente y que cada uno sea asignado a un salón de clases de los Maestros Ascendidos y que alegre y felizmente entren al estudio de la Ley de sus propias Vidas!

¡Invoco a los Señores de la Misericordia y del Amor para que envuelvan a todos aquéllos cuyos seres queridos estén a punto de dejar la Tierra, y a todos aquéllos cuyos seres queridos justamente han dejado la Tierra, para que consuman allí toda pena egoísta y dolor, y para que llenen cada corazón y hogar con la felicidad y gratitud por la oportunidad dada al ser querido de conocer la Liberación y Progreso sobre el Sendero de la Vida! ¡Así Sea!

DECRETO 20.4

ORACIÓN SUGERIDA PARA QUIENES ESTÁN HACIENDO LA TRANSICIÓN DESDE EL PLANO TERRENAL

En el Nombre y por el Poder de la Presencia de Dios "YO SOY" y en el Nombre de Jesucristo Ascendido! Te invoco, amado Arcángel Miguel, en nombre de las almas de todos los hombres, mujeres y niños que estén siendo liberados del cuerpo durante esta período de veinticuatro horas.

Corta y libéralos instantáneamente de la atracción magnética de la Tierra, de las cosas de la Tierra y de todas las pasiones, lujurias y apetitos que pudieran mantenerlos atados a la Tierra.

Envía Tus Ángeles de Luz para envolverlos y llevarlos rápidamente a través de la efluvia de la atmósfera de la Tierra hacia el Ámbito de Luz y Paz. Prepáralos aquí a través de los Fuegos Misericordiosos de la Purificación para que comparezcan ante los Señores del Karma con sus túnicas tan blancas como la nieve. Acepta el bien de mi propio Cuerpo Causal como un ofrecimiento delante de este Gran Concilio de Juicio para que esta almas puedan aprender mejor la Ley y reencarnen, si es necesario, en armonía para ganar su Victoria individual en la Luz.

¡Gracias, oh, Príncipe de la Hueste Celestial, por Tu Presencia Guardiana entre nosotros, por Tu cuidado constante y vigilante de nosotros—no solo en el momento de la llamada muerte, sino a través de todos nuestros días! Bendito sea Tu Santo Nombre!

DECRETO 20.5

ORACIÓN PARA UN ALMA QUE PARTE

(Nota: Utilizar el pronombre femenino o masculino para el nombre según sea el caso)

Amada Presencia de Dios, "YO SOY" dentro del corazón de ____(NOMBRE)____, Bendito Arcángel Miguel y Sus Ángeles de Liberación:

Les pedimos que vayan al encuentro de esta alma. Corten y libérenla de todas sus ataduras a la Tierra y de los grilletes de la creación humana. Llévenla rápidamente a uno de los Templos de Misericordia y Amor, y purifíquenla allí de los efectos de las creaciones humanas de centurias, antes de que sea convocada a presentarse a los Salones del Juicio.

PERDÓNALA (x3)...¡oh, Padre Eterno de Amor y Misericordia!

¡Amados Ángeles de Luz! Vayan con ella, se los suplicamos, a los Salones del Karma, y párense a su lado.

¡Amados Maestros de Amor y Sabiduría! Vengan adelante, se lo suplicamos, y párense como Padrinos de esa corriente de vida cuando su nombre sea pronunciado y su libro de registro sea abierto y leído.

En su nombre, ofrezco el Amor y la Luz de mi amado Cristo Propio, y pido que ella sea asignada a un salón de clase de gran Luz, y, a los pies de los Maestros de Amor y Sabiduría, aprenda rápidamente la Ley de Dios para Sus hijos.

¡Que el juicio del Tribunal Kármico sea temperado con Misericordia!

¡Que la Luz perpetua de su Cristo Propio ilumine su Sendero!

¡Que su Espíritu se eleve en las Alas del Amor dentro de las Octavas de Luz, y, si es posible, permítanle completar su círculo de Vida en las Octavas de

Luz—libérenla para siempre, de la rueda de nacimiento y muerte!

¡Si la Ley de su Corriente de Vida exige que reencarne, que pueda esta alma reencarnar dentro de una familia de Gran Luz! ¡Que pueda cumplir su Plan Divino rápidamente y que la Causa del Cristo Cósmico sea adelantada por su presencia en esta Tierra.

¡Amado Señor Miguel! Acepto Tu promesa de Liberación en nombre de esta alma querida. ¡Te doy gracias y que así sea!

DECRETO 20.6

AFIRMACIÓN DEL AMADO JESÚS

Mediante la incorporación de la afirmación del amado Jesús, la cual Él utilizó eficazmente en Su propia Experiencia, puede darse una extraordinaria asistencia.

"YO SOY" LA RESURRECCIÓN Y LA VIDA (x3) a través de todos los desencarnados, de la Perfección que ellos una vez conocieron en el Corazón del Padre antes de que el mundo existiera... ***[todo (X3) desde el principio]***

...¡ahora hecha manifiesta y sostenida por la Gracia!

DECRETO 20.7

AMADO SAINT GERMAIN PATRONO DE UNA TRANSICIÓN FELIZ

(Hacer cada 24 horas)

En el Nombre de la Presencia de Dios que "YO SOY", te invoco, amado Maestro Ascendido Saint Germain, para que apadrines a cada corriente de vida que haga la transición del cuerpo durante este período de veinticuatro horas. Cárgalas con la Iluminación, el Amor y las Bendiciones que ellas merecen. Te damos las gracias.

INDICE TEMÁTICO

— A —

— D —

— E —

— *I* —

— *J* —

— *K* —

— *L* —

— Q —

— R —

Otras publicaciones de SERAPIS BEY EDITORES, S.A.

Serie EL PUENTE A LA LIBERTAD

LOS MAESTROS ASCENDIDOS ESCRIBEN «*EL LIBRO DE LA VIDA*»
Prácticamente toda la enseñanza para la Nueva Era que los Maestros Ascendidos canalizaron a través de «El Puente a la Libertad» en un solo volumen.Traducido por Jorge A. Carrizo. Fotos e ilustraciones. Índice Temático.[Rústica,14x21 cm, 375 pp.]

PALLAS ATENEA Y EL MAESTRO HILARIÓN HABLAN!
¿Qué tan comprometidos estamos con la búsqueda de la Verdad? Instrucción de estos dos maravillosos seres sobre este tema que es tanto impopular como imprescindible para avanzar en el Sendero. Traducido y presentado por Jorge A. Carrizo. Índice temático.[Rústica, 14x21 cm,100 pp.]

ELECTRONES del MahaChohán
Enseñanza del MaháChohán sobre la partícula más pequeña del Cuerpo de Dios, sobre la conciencia y sobre el manejo de la energía.Traducido y presentado por Jorge A. Carrizo. Índice Temático. [Rústica, 14x21 cm,175 pp.]

EL CONTROL DE LOS ELEMENTOS
El MaháChohán, los Elohim y los Directores de los Elementos hablan sobre la línea evolutiva de los Elementales. Incluye el "Servicio de Amor por los Elementales" y una sección de decretos. Traducido y presentado por Jorge A. Carrizo. Índice Temático.Ilustrado.[Rústica,14x21 cm, 168 pp.]

LA DIVINA VIRTUD DE LA FELICIDAD del Señor Ling
Quién mejor que el Dios de la Felicidad para hablarnos de esta virtud que aparenta escasear al presente. Incluye información sobre Fun Wey y Lady Dawn. Traducido por Jorge A. Carrizo. Presentado por Rodolfo Simons. Índice temático.Fotos. [Rústica, 14x21 cm, 55 pp.]

LIBRO DE CEREMONIAL DE «EL PUENTE A LA LIBERTAD»
Ceremonial del Séptimo Rayo descargado por los Maestros Ascendidos, ahora en su 6a. edición en dos volúmenes. El Volumen 1 Incluye los Servicios de **Protección, Iluminación, Amor y Gratitud, Ascensión y Vkctoria, Sanación y Verdad, Opulencia y Paz**, y **Perdón y Liberación**. El Volumen 2 incluye el **Servicio de la Orden de Zadkiel**, el **Ritual del Arcángel Miguel**, el **Servicio de Cáliz Dorado**, El **Servicio de Amor por los Elementales**, y **El Servicio de Protecciónpor los niños que entran y la Juventud**. Cada volumen incluye más de 100 páginas de Decretos adicionales .[Rústica, 14x21 cm, 275pp. cada volumen]

EL PRIMER RAYO del Maestro El Morya
Explicación exhaustiva de lo que motiva al Fundador de «El Puente a la Libertad» . indispensable para los que toman el Sendero Espiritual en serio. Índice temático. [Rústica, 14x21 cm, 105 pp.]

LOS SIETE ARCÁNGELES HABLAN
Primera publicación en Castellano del único libro escrito no "sobre" sino POR los Ángeles, en el que se da a conocer de primera fuente el Trabajo y Misión de los Directores de la Evolución Angélica. Traducido y presentado por Jorge A. Carrizo. Fotos de los Siete Arcángeles. [Rústica, 14x21 cm, 110 pp.]

LOS SIETE PODEROSOS ELOHIM HABLAN
Primera publicación en castellano de este libro, en el cual los Creadores del Universo hablan sobre los Siete Pasos de la Precipitación. Contiene fotos y seis apéndices. Traducido por Jorge A. Carrizo. Índice Temático [Rústica, 14x21 cm, 220 pp.]

MEDITACIONES DIARIAS compiladas por el Maestro El Morya
Breviario diario para el estudiante de metafísica compilado por el fundador de «El Puente a la Libertad», según el Maestro, Elohim y Arcángel de cada día de la semana. Traducción enteramente nueva de Jorge A. Carrizo. [Rústica, 10x14 cm,60 pp.]

LUZ DESDE LUXOR del Maestro Serapis Bey
Edición corregida y aumentada sobre la mecánica de la Ascensión, el misterio de las Pirámides, la razón de los Retiros de los Maestros y otros temas. Traducido y presentado por Jorge A. Carrizo. Fotos. Índice temático. [Rústica, 14x21 cm, 65 pp.]

MEMORIAS DE LA AMADA MARÍA, MADRE DE JESÚS
La Madre abre su Libro de Recuerdos para permitir acceso a revelaciones nunca antes publicadas sobre la vida privada de Jesús, el destino del Santo Grial y la primera comunidad cristiana. Traducido por Jorge A. Carrizo. Índice temático. [Rústica, 14x21 cm,145 pp.]

MANUAL DEL ESTUDIANTE DE «EL PUENTE A LA LIBERTAD»
Compendio de cinco libros en uno, en el cual figuran "Manual del Estudiante", "¿Qué es un Maestro Ascendido?", "Cómo dar y asistir a una clase", "Extractos de los Registros Esotéricos sobre el Auto-Entrenamiento", y el trascendental instructivo "Campos de Fuerza Magnética." Traducido por Jorge A. Carrizo. Índice temático. [Rústica, 14x21 cm, 150 pp.]

TRANSMISIÓN DE LA LLAMA
A raiz de la emergencia planetaria, el MaháChohán descargó la Actividad de la Transmisión de la Llama como parte del Plan de Salvación. Esta 2a.Edición corregida y aumentada incluye "Cómo usar el Santo Aliento y más! Traducido por Jorge A. Carrizo. Índice temático. Ilustrado [Rústica, 14x21 cm, 115 pp.]

OPORTUNIDAD DE LIBERACIÓN compilado por Rodolfo Simons
Compilación de toda la Instrucción dada por los Maestros Ascendidos sobre la Ley del Perdón y la Llama Violeta Consumidora a través de «El Puente a la Libertad». [Rústica, 14x21 cm, 90pp.]

EL AMOR SIGUE SIENDO EL CAMINO del Señor Maitreya
Instrucción trascendental para el cambio de milenio sobre el Amor, el Estudiante y el Sendero. Traducido por V. Mosquera. [Rústica, 14x21 cm, 90pp.]

EL SÉPTIMO RAYO del Maestro Saint Germain
Primer libro del Maestro Saint Germain publicado por "El Puente a la Libertad" en 1957, en el cual el Maestro esboza la estructura del Sacerdocio del Fuego Sagrado para la Nueva Era. [Rústica, 14x21cm, 90 pp.]

EL LIBRO DEL ARCÁNGEL MIGUEL
Compilación de la Instrucción dada por (y sobre) el Arcángel Miguel a través de El Puente a la Libertad. Incluye "EL RITUAL DEL ARCÁNGEL MIGUEL". Compilado por R. Simons Fotos. [Rústica, 14x21 cm, 160pp.]

DIARIO DE "EL PUENTE A LA LIBERTAD" — Arcángel Miguel y Señora Fe

Compilación de la Instrucción dada por el Arcángel Miguel y la Señora Fe a Geraldine Innocente y publicada en el «Diario de El Puente» desde 1952 hasta 1961. Se incluye el panfleto "EL ARCÁNGEL MIGUEL, SU OBRA Y SUS AYUDANTES". Traducción de Jorge A. Carrizo [Rústica, 14x21cm, 165pp. c/ volumen]

DIARIO DE "EL PUENTE A LA LIBERTAD" — EL MORYA

Compilación de toda la Instrucción dada por el Maestro El Morya a Geraldine Innocente desde 1952 hasta 1961. Publicado en dos volúmenes para facilitar su adquisición y manejo. [Rústica, 14x21cm, 220 pp. c/ volumen

DIARIO DE "EL PUENTE A LA LIBERTAD" — KUTHUMI, LANTO Y CONFUCIO

Compilación de toda la Instrucción dada por los Maestros Kuthumi, Lanto y Confucio a Geraldine Innocente desde 1952 hasta 1961. Fotos. Índice temático. Traducción de Jorge A. Carrizo. [Rústica, 14x21cm, 145 pp.]

DIARIO DE "EL PUENTE A LA LIBERTAD" — GAUTAMA Y MAITREYA

Compilación de toda la Instrucción dada por los Señores Gautama y Maitreya a Geraldine Innocente desde 1952 hasta 1961. Incluye además discursos dados por los poderosos Manúes Himalaya, Merú y Saithrhu. Fotos. Índice temático. Traducción de Jorge A. Carrizo [Rústica, 14x21cm,145 pp.]

DIARIO DE "EL PUENTE A LA LIBERTAD" — EL MAHÁCHOHÁN

Compilación de toda la Instrucción dada por el MaháChohán, Director del Tercer Departamento de la Jerarquía Planetaria, a Geraldine Innocente desde 1952 hasta 1961. Índice temático. Traducción de Jorge A. Carrizo [Rústica, 14x21cm, 320 pp.]

DIARIO DE "EL PUENTE A LA LIBERTAD" — PABLO EL VENECIANO

Compilación de toda la Instrucción dada por el Chohán del Tercer Rayo a Geraldine Innocente desde 1952 hasta 1961. Incluye discursos de la Diosa de la Libertad. Índice temático. Traducción de Jorge A. Carrizo [Rústica, 14x21cm, 200 pp.]

DIARIO DE "EL PUENTE A LA LIBERTAD" — SERAPIS BEY

Compilación de toda la Instrucción dada por el Chohán del Cuarto Rayo a Geraldine Innocente desde 1952 hasta 1961.Incluye discursos de la Señora Astrea y del Arcángel Gabriel. Índice temático. Traducción de Jorge A. Carrizo [Rústica, 14x21cm, 280 pp.]

DIARIO DE "EL PUENTE A LA LIBERTAD" — MADRE MARÍA

Compilación de toda la Instrucción dada por María, Madre de Jesús a Geraldine Innocente. Incluye discursos del Arcángel Rafael. Índice temático. Traducción de Jorge A. Carrizo [Rústica, 14x21cm, 210 pp.]

DIARIO DE "EL PUENTE A LA LIBERTAD" — JESÚS

Compilación de toda la Instrucción dada por el Maestro Jesús, Avatar de la Era de Piscis, a Geraldine Innocente desde 1952 hasta 1961. Índice temático. Traducción de Jorge A. Carrizo [Rústica, 14x21cm, 250 pp.]

DIARIO DE "EL PUENTE A LA LIBERTAD" — HILARIÓN

Compilación de toda la Instrucción dada por quien fuera San Pablo en la Era Cristiana, a Geraldine Innocente desde 1952 hasta 1961. Índice temático. Traducción de Jorge A. Carrizo [Rústica, 14x21cm, 150pp.]

DIARIO DE "EL PUENTE A LA LIBERTAD" — PALLAS ATENEA

Enseñanza descargada por la Diosa de la Verdad a través de Geraldine Innocente desde 1952 hasta 1961. Incluye los CÁLICES DE SANACIÓN. Índice temático. Traducción de Jorge A. Carrizo [Rústica, 14x21cm, 110pp.]

DIARIO DE "EL PUENTE A LA LIBERTAD" — LADY NADA

Enseñanza descargada por la Diosa de Amor Divino a través de Geraldine Innocente desde 1952 hasta 1961. Incluye discursos del Arcángel Uriel, Señor Mercurio y Señor Surya. Índice temático. Traducción de Jorge A. Carrizo [Rústica, 14x21cm, 130pp.]

DIARIO DE "EL PUENTE A LA LIBERTAD" — SAINT GERMAIN

Compilación de toda la Instrucción dada por el Maestro Saint Germain a Geraldine Innocente desde 1952 hasta 1961. Se incluyen, discursos de los demás señores del Fuego Violeta, entre los cuales figuran "TEMPLOS PORTÁTILES DE FUEGO VIOLETA" y "LA ACTIVIDAD DEL CETRO DE ARCTURUS". Publicado en dos volúmenes para facilitar su adquisición y manejo. [Rústica, 14x21cm, 165pp. c/ volumen]

DIARIO DE "EL PUENTE A LA LIBERTAD" — KWAN YIN

Enseñanza descargada por la Diosa de la Misericordia a través de Geraldine Innocente desde 1952 hasta 1961. Incluye discursos nunca antes publicados del Maestro Saint Germain. Índice temático. Traducción de Jorge A. Carrizo [Rústica, 14x21cm, 140pp.]

DIARIO DE "EL PUENTE A LA LIBERTAD" — SANAT KUMARA

Enseñanza que el anterior Señor del Mundo y actual Regente planetario nos legara a través de Geraldine Innocente desde 1952 hasta 1961. Incluye discursos de Lady Venus, Lady Meta y temas relacionados con Shamballa. Índice temático. Traducción de Jorge A. Carrizo [Rústica, 14x21cm, 175pp.]

BOLETINES PRIVADOS DE THOMAS PRINTZ (CARTAS DE SHAMBALLA)

Primera publicación en castellano de la enseñanza esotérica de «EL PUENTE A LA LIBERTAD» descargado por el MaháChohán a través Geraldine Innocente desde 1952 hasta 1961, enviada originalmente cada semana a los instructores de "El Puente", ahora disponible en cinco volúmenes. Índice temático. Traducción de Rodolfo Simons y Jorge A. Carrizo [Rústica, 14x21cm, 320pp. cada volumen]

SERIE SAINT GERMAIN - ACTIVIDAD "YO SOY"

MISTERIOS DEVELADOS DE GODFRÉ RAY KING

Libro que narra el principio de la Nueva Era, partiendo de la reunión del Maestro Saint Germain con Guy Ballard en Mt. Shasta Traducido por Jorge A. Carrizo. Índice temático [Rústica, 14x21 cm, 200pp.]

LA MÁGICA PRESENCIA DE GODFRÉ RAY KING

Continuación de los sucesos narrados en "MISTERIOS DEVELADOS." Contiene detalles de los Retiros de los Maestros, del Acelerador Atómico y de las Ascensiones en América. Traducido por Jorge A. Carrizo. Índice temático [Rústica, 14x21 cm, 290 pp.]

PLÁTICAS DEL "YO SOY" (LIBRO DE ORO) DEL MAESTRO SAINT GERMAIN

Primer "Libro de Oro" de la Serie Saint Germain, con enseñanza fudamental, entre otras, sobre el Auto-Control y la Auto-Corrección. Versión completa y fidedigna del original, en la cual se incluyen las Invocaciones y Bendiciones de Saint Germain. Traducido por Jorge A. Carrizo. Índice temático [Rústica, 14x21 cm, 260pp.]

INSTRUCCIÓN DE UN MAESTRO ASCENDIDO DEL M. SAINT GERMAIN

Después de 30 años de silencio, aparece el Segundo "Libro de Oro" de la Serie Saint Germain. Disponible por primera vez en castellano. Traducido por Jorge A. Carrizo. Índice temático [Rústica, 14x21 cm, 210 pp.]

EL AMADO SAINT GERMAIN HABLA

Tercer "Libro de Oro" de la Serie SaintGermain. Disponible por primera vez en castellano. Traducido por Jorge A. Carrizo. Índice temático [Rústica, 14x21 cm, 180 pp.]

DISCURSOS DEL "YO SOY" PARA LOS HOMBRES DEL MINUTO/SAINT GERMAIN

Cuarto "Libro de Oro" de la Serie Saint Germain, con instrucción precisa para todos aquellos hombres y mujeres que libre, voluntaria y alegremente estén dispuestos a responder "en un minuto" al llamado de Liberación Planetaria del Maestro. Traducido por Jorge A. Carrizo. Índice temático [Rústica, 14x21 cm, 260 pp.]

DISCURSOS DEL "YO SOY" DEL PODEROSO VÍCTORY

El Maestro Alto de Venus, quien encarna la Cualidad Divina del Logro Victorioso para el Cosmos, y quien dio por terminada la Ley Oculta en 1931, ofrece ahora su ayuda para que los estudiantes puedan manifestar esta Cualidad Divina en sus diarios quehaceres. Traducido por Jorge A. Carrizo. Índice temático [Rústica, 14x21 cm, 200 pp.]

DISCURSOS DEL "YO SOY" DE LOS MAESTROS ASCENDIDOS

Allí donde terminó "La Mágica Presencia" comienza este libro. Todos los protagonistas cuya Ascensión quedó registrada en "Misterios Develados" y "La Mágica Presencia" hablan ahora desde la perspectiva de Maestros Ascendidos. También contiene discursos de Saint Germain, Víctory, el Gran Director Divino, el Elohim Orión, David Lloyd, Cha Ara y Lady Nada concernientes a la Ascensión. Traducido por Jorge A. Carrizo. Índice temático [Rústica, 14x21 cm, 230 pp.]

DISCURSOS DEL "YO SOY" DE DAVID LLOYD

El Dios del Agradecimiento, a quien como David Lloyd ayudara Guy Ballard a ascender sobre la ladera de Mount Shasta, nos ofrece ahora un tratado sobre el Agradecimiento, el Plan Divino y la Ascensión. Traducido por Jorge A. Carrizo. Índice temático [Rústica, 14x21 cm, 210 pp.]

DISCURSOS DEL "YO SOY" DEL GRAN DIRECTOR DIVINO

Discursos descargados por el Manú de la Séptima Raza-Raíz y Maestro de Maestros durante el ministerio del señor Ballard (1937-1939). Traducido por Jorge A. Carrizo. Índice temático [Rústica, 14x21 cm, 300 pp.]

LUZ DE LOS MAESTROS ASCENDIDOS

Culminación de la Enseñanza que los Maestros Ascendidos dictaron a través de Godfre Ray King durante su ministerio al final de la década de los 1930's. Contiene el primer discurso del Maestro Serapis Bey después de miles de años de silencio y el famoso Discurso #5 de Sanat Kumara. Incluye también Discursos de Saint Germain, Astrea, Jesus, Chananda, Lanto, Kuthumi, El Morya, Lady Nada, Gran Director Divino y otros Maestros. Libro de suma importancia publicado en dos volumenes.Traducido por Jorge A. Carrizo. Ilustrado. Índice temático [Rústica, 14x21 cm, dos volúmenes de 190pp. cada uno]

DISCURSOS DEL "YO SOY" DEL MAESTRO BOB

Enseñanza de un Maestro Ascendido "joven", cuya Ascensión quedó registrada en "La Mágica Presencia", y los cuales fueron descargados durante el ministerio del señor Ballard (1937-1939). Traducido por Jorge A. Carrizo. Índice temático [Rústica, 14x21 cm, 150 pp.]

LA VOZ DEL "YO SOY"

Compilación en ocho volúmenes (1935 a 1943), de la Revista de la Actividad YO SOY pubicada por Charles Sindelar en California. Contentiva de la mitad de la Enseñanza de los Maestros Ascendidos descargada a través de Godfré Ray King. Ilustrado. Traducido por Jorge A. Carrizo. Índice temático [Rústica, 14x21 cm, 8 volúmenes @ 350 pp. CADA UNO]

DECRETOS DEL "YO SOY" PARA LA SANACIÓN Y LA ASCENSIÓN

Prontuario de decretos para la actividad ascensional y sanadora de los Rayos Cuarto y Quinto, e instrucción sobre la Ascensión por David Lloyd. Traducido por Jorge A. Carrizo. Ilustrado. Índice temático [Rústica, 14x21 cm, 180 pp.]

DECRETOS DEL "YO SOY" PARA LA VICTORIA

El Poderoso Víctory, quien encarna el Espíritu de la Victoria, nos ofece este prontuario de decretos para la actividad victoriosa del Primer Rayo Azul, la cual todo ser humano tiene ya asegurada por Derecho Divino en tanto haga el Llamado. Traducido por Jorge A. Carrizo. [Rústica, 14x21 cm, 80pp.]

DECRETOS DEL "YO SOY" PARA LA OPULENCIA

Prontuario de decretos para la actividad de la Precipitación del Suministro al cual todo ser humano tiene Derecho Divino. Traducido por Jorge A. Carrizo. [Rústica, 14x21 cm, 160pp.]

Serie EMMET FOX

ALFA Y OMEGA

"El Libro del Génesis" y "El Libro de las Revelaciones (Apocalipsis)" explicados por este insigne metafísico del siglo XX. Incluye "Los Siete Días de la Creación", "Adán y Eva", "La Torre de Babel", "Noé y el Arca", "Los Cuatro Jinetes del Apocalipsis", y más. Traducido por Jorge A. Carrizo. [Rústica, 14x21 cm, 140 pp.]

EL NIÑO DE LAS MARAVILLAS Y LOS SALMOS

La develación del Cristo Interno en cada persona explicada magistralmente y en palabritas de a centavo por este gran místico del siglo XX. Contiene además "La Llave de Oro", así como la explicación metafisica de "El Padre Nuestro", de la historia de Job y de los Salmos 18, 23, 24, 27, 46 y 91. Traduccido por Jorge A. Carrizo y Juan Rodríguez. Índice temático [Rústica, 14x21 cm, 130 pp.]

LA PLUMA MÁGICA DE EMMET FOX

El Viejo Testamento se abre ante el lector como por arte de magia. Incluye temas controversiales como "El Zodiaco y la Biblia", "Cambia tu vida", "¿Pueden las estrellas ayudarte?" y otros, además, se incluye aquí las disertaciones "El Espíritu Americano" y "El Destino Histórico de Estados Unidos". Traducido por Jorge A. Carrizo. Índice temático [Rústica, 14x21 cm, 160 pp.]

EL NUEVO TESTAMENTO

Volumen 2 de "La Pluma Mágica," en el cual se consideran temas de la enseñanza de Jesús y de San Pablo. Incluye "Agua, mujeres y Luna"; "Relato de dos Mujeres"; "El Vestido, el Anillo y los Zapatos"; "Lo que Jesús enseñó acerca de la Navidad", "Matrimonio y Divorcio", "La Segunda Venida" y más. Traducido por Jorge A. Carrizo. Índice temático [Rústica, 14x21 cm, 165 pp.]

LOS DIEZ MANDAMIENTOS

La Ley del Ser según la presentara Moisés a la humanidad, ahora reconsiderada por este eminente místico del siglo XX. Libro especialmente dedicado a los que le tienen alergia a todo lo que suene a "ley" u "obligación". Traducido por Jorge A. Carrizo. Índice temático [Rústica, 14x21 cm, 155 pp.]

PUNTOS Y ASPECTOS DE DIOS

Volumen 3 de "La Pluma Mágica",de donde Conny Médez extrajo su "4en1". Incluye "Vida después de la Muerte"; "La Reencarnación"; "El Equivalente Mental"; "La Dieta de los Siete Días"; "El diezmo" y más. Traducido por Jorge A. Carrizo. Índice temático [Rústica, 14x21 cm, 215 pp.]

EMMET FOX: EL HOMBRE Y SU OBRA DE HARRY GAZE

Este libro nos da la oportunidad de conocer al hombre detrás de la obra desde la perspectiva de un colega y amigo íntimo.Compaginación de la vida del autor con extractos de su obra. Traducido por Jorge A. Carrizo. Índice temático [Rústica, 14x21 cm, 150 pp.]

EL SERMÓN DEL MONTE

Nueva traducción de la obra maestra por excelencia de este gran maestro de la espiritualidad occidental, en la cual se explaya sobre lo que, a todas luces, bien puede constituir el núcleo de la enseñanza de Jesucristo. Traducido por Jorge A. Carrizo. Índice temático [Rústica, 14x21 cm, 145 pp.]

TODO EL AÑO CON EMMET FOX

Nueva forma de abordar el calendario, en la que a todos y cada uno de los días del año se le asigna una porción de la enseñanza de este gran maestro metafísico, junto con una o más citas apropiadas de la Biblia. Traducido por Jorge A. Carrizo. [Rústica, 14x21 cm, 379 pp.]

ENCUENTRA Y UTILIZA TU PODER INTERNO

Frente a la "enseñanza larga" de este gran maestro de Espiritualidad, aparece ahora la primera de tres compilaciones de «Chispitas de Sabiduría», en las que Emmet Fox nos comprueba que la seriedad y el sentido de humor van necesariamente de la mano. Contiene Los "No puede hacerse", "Páginas del Manual del Tonto", "Es más divertido ser inteligente", y mucho más! Traducido por Jorge A. Carrizo [Rústica, 14x21 cm, 200 pp.].

RECLAMA LO TUYO

Segundo volumen de las «Chispitas de Sabiduría» de Emmet Fox, en el que el autor considera la actitud de reclamar lo propio como elemento sine qua non en el Sendero Espiritual. Contiene "Casucha o palacio", "Usa esa escoba", "La mina de oro interna", y los estimulantes "Reflectores". Traducido por Jorge A. Carrizo [rústica, 14x21cm, 150 pgs]

DALE VALOR A TU VIDA

Tercer volumen de las «Chispitas de Sabiduría» de Emmet Fox.Contiene "¿Qué NO ES la Metafísica?", "El rabo no menea al perro", "Las Grandes Leyes Mentales", "..¡y mucho más! Traducido por Jorge A. Carrizo [rústica, 14x21cm, 150 pgs]

MI AMIGO EMMET FOX DE HERMAN WOLHORN

Finalmente hace su aparición esta biografía de Emmet Fox realizada por su mejor amigo, quien, junto con su esposa Blanche, lo acompañaran durante 20 años hasta su fallecimiento. La enseñanza de EF vista desde la perspectiva de un amigo, además de la sección de "Reminiscencias" contentiva de anécdotas y detalles de su vida nunca antes revelados. Traducido por Jorge A. Carrizo. Índice temático [Rústica, 14x21 cm, 270 pp.]

SERIE VARIEDADES METAFÍSICAS

PLÁTICAS SOBRE EL SENDERO DEL OCULTISMO, VOL. 1

Compendio de las charlas que, sobre A LOS PIES DEL MAESTRO, impartieran Annie Besant y C.W. Leadbeater. Fotografías inéditas. Índice Temático.[Rústica, 14x21 cm, 300 pp.]

EL APEGO Y EL SENDERO DE LA ILUMINACIÓN DE TONY DEMELLO

Libro práctico para el despertar espiritual. Perspectiva de la religión universal por un jesuita hindú. Presentado por Jorge A. Carrizo. Índice temático. Ilustraciones [Rústica, 14x21 cm, 100 pp.]

MILAGROS DE HOY DE WILLIAM J. CASSIERE (BROTHER BILL)

Relatos de diferentes milagros realizados en la vida diaria al aplicar la Práctica de la "Presencia YO SOY". Traducido por Rodolfo Simons. [rústica, 14X21cm., 85 pp.]

EL LIBRO DE EMMANUEL COMPILADO POR PAT RODEGAST Y JUDITH STANTON

Bálsamo Espiritual desde la perspectiva del otro lado del velo. Un solo volumen en castellano de los dos volúmenes en inglés. Fundamental para la eliminación del miedo de la vida del lector. Traducido y presentado por Jorge A. Carrizo [Rústica, 14x21 cm, 200 pp.]

EL HOMBRE: SU ORIGEN, SU HISTORIA Y SU DESTINO DE WERNER SCHROEDER

Utilizando una variedad de fuentes, este libro presenta la historia no registrada de la humanidad. Escrito en orden cronológico, el lector se entera de las condiciones que prevalecían durante el advenimiento del hombre a la Tierra, incluyendo su origen y su edad. Consideraciones importantes sobre Lemuria y Atlántida. Igualmente se incluyen relatos de la historia oculta de Jesús y de los oráculos de Delfos. Se ofrecen soluciones prácticas para hacerle frente a la crisis planetaria actual. Traducido por Jorge A. Carrizo [Rústica, 14x21 cm, 300 pp.]

METAFÍSICA: 21 LECCIONES ESENCIALES DE WERNER SCHROEDER

Aquí se explica la Ley Cósmica, las Siete Iniciaciones, los Siete Rayos y el proceso de Ascensión, en instrucciones graduales y escritas de manera sencilla para su fácil asimilación. Lectura obligada para los líderes grupales y para todos aquelllos estudiantes que se vean en la necesidad de estudiar por cuenta propia.[Rústica, 14x21 cm, tres volúmenes de 120, 140 y 220 pp. respectivamente]

LA LEY DE PRECIPITACIÓN DE WERNER SCHROEDER

El fundador de la AMTF dedica este libro a la explicación detallada de la Ley de Precipitación, además de incluir detalles exquisitos sobre la vida y obra de precipitadores reconocidos (Guy Ballard, Brother Bill y Geraldine Innocente). Ilustrado [Rústica, 14x21 cm, 190pp.)

ASISTENCIA ACTUAL DE LA MADRE MARÍA PARA TENER NIÑOS NACIDOS PERFECTOS DE WERNER SCHROEDER

Compilación de los esfuerzos de la Madre María para reclutar a la humanidad a fin de conseguir que sólo nazcan niños perfectos, según figura en los anales de "El Puente a la Libertad". Capítulo exclusivo sobre el registro y actividades del "Grupo de Filadelfia" originario de "El Puente a la Libertad. Ilustrado [Rústica, 14x21 cm, 200pp.)

CANTORAL DEL GRUPO SERAPIS BEY EDITADO POR JORGE A. CARRIZO

3a edición de la compilación de letras adaptadas por miembros del Grupo Serapis Bey a llaves tonales y piezas famosas, con el propósito de complementar la Actividad Ceremonial del Séptimo Rayo. Ilustrado [Rústica, 14x21 cm, 145pp.)

PRÓXIMAS PUBLICACIONES

1. *El Gurú y el Chela / La Sabiduría de las Edades* — Maestro Kuthumi [traducción de Rodolfo Simons]
2. *La Ley de la Vida vols 1-III - A.D.K. Luk* [traducción de Rodolfo Simons]
3. *Retiros de los Maestros Ascendidos — Werner Schroeder* [traducción de Jorge A. Carrizo]

EL SONIDO DE LA LUZ EN CD

Las Llaves Tonales disponibles ahora en Discos Compactos de altísima fidelidad, para facilitar la realización de los Servicios y la Instrucción, así como para la Musicoterapia.

LLAVES TONALES DEL PRIMER RAYO-AZUL Vol. 1 Incluye *Pompa y Circunstancia Nº1, Jerusalem, Believe Me if all those Endearing Young Charms, Fairy's Ring, Land of Hope and Glory, Panis Angelicus, Intermezzo de "Karelia", Coro de los Soldados de "Fausto", San Michele Arcangelo, Die Moldau* y *Variación Nº9 "Nimrod"* ***#CD-01***

LLAVES TONALES DEL PRIMER RAYO-AZUL Vol. 2 Incluye *Sinfonía #5 (Beethoven), The Heavens resound, Piano Concerto #1 (Beethoven), Cosmos, Concierto de Varsovia, Rose of England, Coro Nupcial (Lohengrin), Pie Jesu, Intermezzo (Notre Dame)* y *Joy to the World* ***#CD-02***

LLAVES TONALES DEL SEGUNDO RAYO-DORADO Vol. 1 Incluye *Canción de la India, Adagio para Cuerdas Op. 11, Kashmir Song, Guige del "Canon en Re", La Source, Fantasía sobre un tema de Thomas Tallis, Moonbeams Shining, Aire sobre la cuerda de sol, O du mein holder Abendstern* y *Au Fond du Temple de "Pescadores de Perlas"* ***#CD-03***

LLAVES TONALES DEL SEGUNDO RAYO-DORADO Vol. 2 Incluye *El Ascenso de la Alondra, Ascenso a la Ciudad Invisible de Kitezh, Escena y Danza con los Dedos Dorados, Intermezzo (Carmen), Cuadros en una Exhibición, Greensleves, Alfa* y *Obertura (La Forza del Destino)* ***#CD-04***

LLAVES TONALES DEL TERCER RAYO-ROSA Vol. 1 Incluye *At Dawning, Piano Concerto Nº 2 (Rachmaninoff), Piano Concerto Nº 1 (Chopin), Regina Coeli, Sonata 'Patética", Sinfonía Nº 2 (Sibeluis)* y *Adagietto* ***#CD-05***

LLAVES TONALES DEL TERCER RAYO-ROSA Vol. 2 Incluye *Homing, Largo (Nuevo Mundo), Concersück para Arpa y Orquesta, Beautiful Dreamer, Caprice Vennois, 18a. variación sobre un tema de Paganini, Abide with me, Adagio (Sinf. #2), Intrutina (Carmina Burana) La Fille aux cheveux de lin* y *Polovtsian Dances 1 y 2.* ***#CD-06***

LLAVES TONALES DEL CUARTO RAYO-BLANCO Vol. 1 Incluye *Liebestraum, Ópera Akhnaten, Bendición de Dios en la soledad, Piano Concerto Nº 5 (Saint-Säens)* y *Piano Concerto Nº 2 (Rachmaninoff)* ***#CD-07***

LLAVES TONALES DEL CUARTO RAYO-BLANCO Vol. 2 Incluye *Marcha Triunfal (Tannhäuser), Coro de los Peregrinos (Tannhäuser), Romance, Intermezzo (Cavalleria Rusticana), Notturno Op. 70, Preludio (Parsifal), Nessum Dorma, Clair de Lune, Liebestod* y *Marcha Triunfal (Aida)* ***#CD-08***

LLAVES TONALES DEL QUINTO RAYO-VERDE Vol. 1 Incluye *Tocatta y Fuga en re menor, Onward Christian Soldiers!, Scheherezade Op. 35, Canon en Re Mayor, Whispering Hope, Soñadores Despierten, Ave María, O Little town of Bethlehem, Arabesque Nº 1* y *Canto de Sanación Hopi Nº1* ***#CD-9***

LLAVES TONALES DEL QUINTO RAYO-VERDE Vol. 2 Incluye *M'Appari, Venusberg (Tannhäuser), Una furtiva lágrima, Opera Sauvage, Ave Verum Corpus, Preludio #9, Saturno, Campanella, Sinfonía Concertante* y *Kyrie (Misa en Sí menor)* ***#CD-10***

LLAVES TONALES DEL SEXTO RAYO-ORO RUBÍ Vol. 1 Incluye *Deep River, The Holy City, My Hero, Oración de los Niños, La Cathedrale Engloutié, Canción de Cuna, Finlandia, Spen in Allium, Pavana para una infanta difunta, Laudi alla Vergine María* y *Che faro senza Eurydice* ***#CD-11***

LLAVES TONALES DEL SEXTO RAYO-ORO RUBÍ Vol. 2 Incluye *Deep River, Lara's Theme, Adagio(Violin Concerto#2), Adagio (Piano Concerto #2), Impromptu #3, Tema de Abraham, Escuchando el primer cucú en la primavera, Luz Primigenia (Sinfonía #2), Gymnopedies #3, Suite Romeo y Julieta* ***#CD-12***

LLAVES TONALES DEL SÉPTIMO RAYO-VIOLETA Vol. 1 Incluye *Concierto de Aranjuez, 1492—La Conquista del Paraíso, Va pensiero, Polonaise en La bemol Mayor, Música de Fuego Mágico, Obertura 1812* y *Cabalgata de las Walkirias* ***#CD-13***

LLAVES TONALES DEL SÉPTIMO RAYO-VIOLETA Vol. 2 Incluye *Spiral, Adagio (Concierto para clarinete), Waltz en do menor, Op. 64, Deliverance, Fanfare for the Common Man, En el jardín de un monasterio, Sakura sakura, Andante («Misterious Mountain»), Morning Song, 2o. movimiento (Sinfonía #3)* ***#CD-14***

MÚSICA DE LOS ÁNGELES Vol. 1 Incluye *Battle Hymn of the Republic; Nuns Chorus ("Casanova"); Va Porgi, amor, qualche ristoro; Duo Seraphim clamabant; Marcha Triunfal ("Aida"); Kyrie ("Misa de Gloria); Laudate Dominus; Domine Deus ("Gloria"); Nearer, my God, to Thee; Oración de los Niños (Hansel & Gretel); You'll never walk alone; Pizzicato Polka; Poco Adagio (Sinfonía #3; Finale (Suor Angélica);* y *Hallelujah ("Messiah)* ***#CD-15***

MÚSICA PARA EL SERVICIO DE LA ORDEN DEL ARCANGEL ZADKIEL Incluye *Also Sprach Zarathustra, Polonaise en La bemol Mayor, Cabalgata de las Walkirias, Obertura 1812, Música de Fuego Mágico, 1492–La Conquista del Paraíso* y *Concierto de Aranjuez* ***#CD-17***

MÚSICA PARA EL RITUAL DEL ARCÁNGEL MIGUEL Incluye *Intermezzo de "Karelia", Coro de los Soldados ("Fausto") San Michele Arcangelo, Marcha Festiva ("Tannhauser") Preludio al 3er acto ("Parsifal") y Die Moldau* ***#CD-18***

MÚSICA PARA EL CEREMONIAL DE PROTECCIÓN Y ORDEN DIVINO Incluye *Also Sprach Zarathustra, Miserere mei, Die Moldau, San Michele Arcangelo, Pompa y Circunstancia, Intermezzo (Karelia), 5a. Sinfonía (Beethoven), Adagio en Sol Menor* y *The Fairy Ring* ***#CD-19***

MÚSICA EL PARA CEREMONIAL DE ILUMINACIÓN Incluye *Overtura Helios, Allegro (Piano Concerto #2), Fantasía sobre un tema de Thomas Tallis, Kashmir Song #4 (vocal e instrumental), Canción de la India, The Lost Chord* ***#CD-20***

MÚSICA PARA EL CEREMONIAL DE AMOR DIVINO Y GRATITUD Incluye *Allegro (Piano Concerto #2), Spartacus, Himno al Sol (Iris), Largo (Sinfonía #2), Sinfonía #8 (Mahler), Concerstück para Arpa y Orquesta, Adagio (Piano Concerto #2)* ***#CD-21***

MÚSICA PARA EL CEREMONIAL DE ASCENSIÓN Y VICTORIA Incluye *Preludio (Parsifal), Romance Op. 16, Andante (Piano Concerto #5), Prólogo (Mefistófeles), Akhnaten, Notturno* y *Bendición de Dios en la Soledad* ***#CD-22***

MÚSICA PARA EL CEREMONIAL DE SANACIÓN Y VERDAD Incluye *Also Sprach Zarathustra, Metamorphosen, Gloria, Sanctus, Onward Christian Soldiers!, Opera Sauvage, Kyrie (Misa en sí menor), Una Furtiva Lagrima, Scherezade Op. 35, Adagio (Piano Concerto #2)* ***#CD-23***

MÚSICA PARA EL CEREMONIAL DE OPULENCIA Y PAZ Incluye *Deep River (vocal e instrumental), The Holy City, Adagio (Vln.Conc.#2), Intermezzo ("Notre Dame"), Laudi alla Vergine Maria, Oración de los Niños ("Handsel und Gretel") Finlandia, La Cathedrale engloutie, Canción de cuna* ***#CD-24***

MÚSICA PARA EL CEREMONIAL DE PERDÓN Y LIBERACIÓN Incluye *Fanfare for the Common Man, 2o. Movimiento (Sinfonía #3), Sakura sakura, en el Jardín del Monasterio, Espiral, Adagio (Conc. para clarinete), Deliverance, Va Pensiero* ***#CD-25***

MÚSICA PARA EL SERVICIO DE TRANSMISIÓN DE LA LLAMA — Templo de la Resurrección Incluye *5o. movimiento (Sinfonía Resurrección), Whispering Hope, Onward Christian Soldieres!, Música de Fuego Mágico, Pie Jesu, Soñadores Despierten Misa en Si menor, Ave María, Intermezzo (Cavalleria Rusticana), Pie Jesu, Joy to the World* ***#CD-26***

MÚSICA PARA EL SERVICIO DE TRANSMISIÓN DE LA LLAMA — Retiro del Royal Teton Incluye *Entrada de los Dioses al Valhalla, Odu menin holder Abendstern, Onward Christian Soldiers, Música de Fuego Mágico, The Lark Ascending, Aire sobre la cuerda de Sol, Escena de la Forestal/Ascenso a Kitezh, EScena y Danza con los Dedos Dorados, Au Fond du Temple Saint, Joy to the World.* ***#CD-27***

MÚSICA PARA EL SERVICIO DE TRANSMISIÓN DE LA LLAMA — Retiro de Shamballa Incluye *Himno al Sol,Canción de la India ,Onward Christian Soldiers, Música de Fuego Mágico, 4o. movimiento (Sinf.#6 Beethoven), 18a. Variación sobre un tema de Paganini, Abide by me, Caprice Vennois, Ah sweet mistery of life, Joy to the World* ***#CD-28***

MÚSICA PARA EL SERVICIO DE AMOR POR LOS ELEMENTALES Incluye *O Sole Mio, 4o. Movimiento (Sinfonía #2 en re menor), Preludio #9 en Mi mayor, Moonbeams Shining, Spiral, Nieges, Sirénes, 1er. Movimiento (Piano Concerto #1), Rose of England, Adagietto, Obertura Helios* ***#CD-29***

MÚSICA PARA EL CEREMONIAL DEL CÁLIZ DORADO Incluye *Allegro (Piano Concerto #2), Spartacus, Canción de la India, Gloria, Sanctus, Adagio por Strings, 2a. Sinfonía (Resurrección)* ***#CD-31***

MÚSICA PARA EL CANTORAL DEL "SERAPIS BEY", Vol. 1 Incluye *Canto a la Obediencia, Al amado Arcángel Miguel, Canto al Poderoso Victory , A los amados Miguel y Astrea, Canto al amado El Morya , Gracias, Kuthumi, Al amado Señor Maitreya, Canto de Gratitud, Canto a Pablo El Veneciano, Canto al Confort, Oh, Mi Gran Señor MaháChohán, Al amado Serapis Bey, ¡Amada Astrea, ven!, A los amados Claridad y Astrea, Canto de la Verdad, Canto de la Felicidad, Al Amado Jesús, Nada es Amor, Canto a la Llama Violeta, Canto a la amada Kwan-Yin, ¡Te amo, Saint Germain!, Canto a la Querubina Lovelee, A la Hueste Angélica, A los Elementales, Al Gran Tribunal Kármico* ***#CD-32A***

MÚSICA PARA EL CANTORAL DEL "SERAPIS BEY", Vol. 2 Incluye *A la amada Señora Fe, Al Poderoso Hércules y Amazona, A Himalaya Manú, A Vaivaswatta Manú, Al Dios y la Diosa Merú, Al Gran Director Divino, Canto al amado Gautama, Al amado Señor Lanto, Al MaháChohán y Pallas Atenea, Cántico al MaháChohán, Canto al Amor Divino, A la Llama Triple, Al amado Sanat Kumara, A los Señores de la Resurrección, A la Llama de la Resurrección, Al Arcángel Rafael, A la Madre María, A Lady Meta, Canto a los Señores de la Paz; Oh, Rey Saint Germain; A ti, amada Porcia; A los amados Helios y Vesta, A la amada Inmaculata; A ti, gracias, Shamballa* ***#CD-32B***

MÚSICA PARA EL CANTORAL DEL "SERAPIS BEY", Vol. 3 Incluye *A los amados Jofiel y Constanza, Canto al amado Confucio, A la Señora Venus, Canto a Chamuel y Caridad, A la Diosa de la Libertad, A la Llama de la Resurrección, Serapis Bey, Constructor de Puentes, Elohim Vista y Cristal , A Uriel y Doña Gracia, Ángeles de la Paz y la Provisión, A Zadkiel y Amatista, Ángeles Sanadores del Rayo Violeta, Canto a los Siete Arcángeles, Señores de los Elementos, Canto a los Siete Elohim, A Príncipa, Señor del Orden Divino, ¡Maestro Cosmos, ven! , Canto al Maestro Bob, Canto al Espíritu de Navidad, Al Gran Sol Central* ***#CD-32C***

MÚSICA DE LOS SIETE RAYOS Incluye *Danza ritual del Fuego, Allegro (Sinfonía #7), Ah, Sweet Mistery of Life , Moonbeans Shinning, Alborada del Gracioso, Vocalise, Celeste Aida, On earth as it is in heaven(La Misión), Reminiscencias de Don Juan, Libera Me (Requiem), Laudate Dominum, Adagio (Piano Concerto in La mayor), Bachianas Brasileiras #5, Waltz Opus 64, #2* ***#CD-33***

Made in the USA
Middletown, DE
07 July 2023

34697987R00096